USBORNE
LOS PUEBLOS DEL MUNDO

CON LINKS DE INTERNET

Gillian Doherty y Anna Claybourne

Diseño: Laura Fearn y Linda Penny

Traducción: Antonio Navarro Gosálvez
Redacción en español: Cristina Fernández y Nick Stellmacher

Colaboradoras: Nathalie Abi-Ezzi, Kamini Khanduri y Rebecca Treays
Directora de edición: Felicity Brooks
Director de diseño: Stephen Wright
Diseño de portada: Laura Fearn y Zöe Wray
Imágenes digitales: John Russell y Mike Olley
Investigación fotográfica: Ruth King
Cartografía: Craig Asquith y Christine Johnston

Asesores:
Profesor Michael Hitchcock, Universidad del Norte de Londres
Dr. Uwem Ite, Departamento de Geografía, Universidad of Lancaster
Susan Bermingham, directora de Humanidades, Royton and Crompton School, Oldham
Dra. Stephanie Bunn, Universidad de Manchester
Dra. Susan Pfisterer, Centro Menzies de Estudios Australianos, King´s College,
Universidad de Londres
Dra. Vivien Miller, profesora de Estudios Americanos, Universidad de Middlesex
Dr. Francisco Domínguez, director de Estudios Latinoamericanos, Universidad de Middlesex
Dra. Elizabeth Bomberg, Departamento de Ciencias Políticas, Universidad de Edimburgo
Dr. Simon Kirby, Departamento de Lingüística Teórica y Aplicada, Universidad de Edimburgo

Niños en el carnaval de Guadalupe, en las Antillas

SUMARIO

⋔⋔⋔⋔ Links de Internet ⋔⋔⋔⋔

Los recuadros como éste contienen descripciones de sitios web donde podrás ampliar información, jugar o hacer pasatiempos. Para visitar estos sitios, ve a **www.usborne-quicklinks.com**, busca el título de este libro y sigue las instrucciones. Al hacerlo, entrarás en un espacio con links a todos los sitios que se describen aquí. Antes de usar Internet, lee el apartado 'La seguridad en Internet' de la página 92.

Los sitios de este libro se han escogido cuidadosamente. No obstante, el contenido de un sitio web puede cambiar y por esta razón recomendamos que los niños que utilicen Internet cuenten con la supervisión de un adulto. Para más consejos sobre el uso de Internet, consulte la página 92.

¿QUIÉNES SOMOS?

Este libro trata de los seres humanos y sus distintas costumbres, religiones, culturas e idiomas. Poseemos la cultura más avanzada de todas las especies del planeta, pero ¿quiénes somos y qué nos hace diferentes de los animales?

Los niños aprenden a hablar escuchando e imitando a los adultos. Poco a poco, logran construir sus propias frases.

La especie humana

Los humanos somos sólo una de las miles de especies diferentes que viven en la Tierra. Pertenecemos a un orden o grupo de animales llamados primates, del que también forman parte los simios y los monos. Sin embargo, nuestro comportamiento es muy distinto al del resto de los animales. Tenemos un cerebro muy grande y complejo, nos preguntamos el porqué de las cosas o cuál es nuestro origen y buscamos distintos modos de expresar los sentimientos. Por eso existen la ciencia y la religión. Nuestra cultura es muy compleja e incluye el arte, la música, la ropa o las costumbres.

Los bonobos, un tipo de simio, se parecen bastante a los humanos, pero su aspecto y comportamiento los diferencian enormemente de nosotros.

El lenguaje

El lenguaje humano es mucho más avanzado que el de otros animales. El lenguaje nos permite compartir ideas, almacenar información en libros u ordenadores y transmitir nuestros conocimientos a las generaciones futuras.

La primera forma de escritura conocida fue utilizada por los sumerios, una civilización que vivió hace 5.000 años. En la actualidad existen cientos de alfabetos y estilos distintos, llamados escrituras.

	montaña
	cabeza
	comida
	agua
	pájaro
	pez
	buey

La escritura sumeria, llamada cuneiforme, es uno de los sistemas de escritura más antiguos del mundo.

Esta mujer lleva un vestido especial para celebrar la tradicional ceremonia japonesa del té.

Grupos étnicos

En este libro aparecen a menudo los términos "grupo étnico", "etnia" y "pueblo" para referirse a los colectivos de personas que viven juntas o que se consideran un grupo aparte. Hay etnias grandes y pequeñas, que viven juntas o dispersas por una zona muy amplia, pero los miembros de un mismo grupo comparten ciertos aspectos en común, como el idioma, la cultura o la religión.

Hombre y sociedad

El hombre es un animal social, lo que significa que vivimos en grupos y nos comunicamos entre nosotros. El núcleo humano más simple es la familia, un grupo de personas emparentadas por nacimiento o adopción, pero también formamos otros colectivos: bandas musicales, equipos, comunidades, ciudades e incluso países.

Tres bailarines del Congo, África, con atuendos hechos de hierbas secas. La gente suele llevar vestimentas que indican su pertenencia a un grupo determinado.

Tipos de gente

Vayas donde vayas, encontrarás diferencias entre la gente: en estatura, en facilidad para el deporte, en el sexo, la edad, inteligencia, destreza, etc. Cada persona tiene sus propias aptitudes y limitaciones.

A veces, la diferencia de aspecto puede que te ayude a reconocer de dónde es una persona. Sin embargo, como la gente lleva miles de años yendo a vivir a otros lugares (es decir, emigrando), en la mayoría de los países la población es muy variada.

PUEBLOS Y CULTURAS

Cultura significa "modo de vida". La cultura de una sociedad o un grupo de personas incluye sus costumbres, aficiones, cocina, moda, creencias y celebraciones. Nuestra cultura depende de cosas como la familia, el país en que vivimos o la edad.

La moda, como la ropa que llevan estas muchachas japonesas, cambia rápidamente.

Tipos de cultura

La cultura popular incluye el ocio, la moda y los medios de comunicación (como la televisión o las revistas). Este tipo de cultura cambia con rapidez, y por eso la cultura tradicional es tan importante. Los rituales religiosos, las canciones de cumpleaños o las comidas que se preparan en fechas señaladas son ejemplos de cultura tradicional que pasan de una generación a otra.

Muchas partes del mundo, sobre todo las grandes ciudades, son multiculturales, lo cual quiere decir que en ellas conviven gentes de culturas diferentes. Las sociedades multiculturales suelen darse cuando distintos grupos de emigrantes van a vivir a otro país y llevan con ellos su cultura.

La religión

En el mundo la mayoría de la gente profesa una religión, lo cual implica que poseen una serie de creencias espirituales sobre el porqué del mundo y lo que ocurre después de la muerte. Las religiones más extendidas son el budismo, el cristianismo, el hinduismo, el islamismo (cuyos seguidores se llaman musulmanes), el judaísmo y la religión sikh.

Los musulmanes, los cristianos, los judíos y los sikhs creen en un único dios, es decir, son monoteístas. Los hindúes tienen muchos dioses que forman parte de una fuerza omnipresente llamada Brahma. Los budistas no adoran a ningún dios, sino que siguen una serie de reglas para alcanzar un estado de felicidad eterna: el nirvana.

Esta mujer de Bali, Indonesia, está rezando. Los creyentes suelen comunicarse con sus dioses o espíritus mediante la oración.

Ganarse el pan

La mayoría de la gente
tiene que trabajar para
subsistir y alimentar
a sus hijos. Miles
de millones de
personas sobreviven
gracias a sus cosechas o su
ganado. Los pueblos que se
desplazan constantemente
debido a su forma de
ganarse la vida se llaman
nómadas. La mayoría de los
nómadas tradicionales, como
los saami de Laponia y los
tuareg del norte de África, se
dedican a la cría de animales.

Con la progresiva
industrialización del mundo
y los avances de la tecnología,
cada vez son más las personas
que trabajan como asalariadas
en explotaciones agrícolas
y ganaderas, fábricas o minas,
y en empresas del sector de
los servicios, como la banca
o la informática.

*Estos comerciantes
de un mercado
flotante de Tailandia
se dedican a vender
fruta y verdura fresca.*

*Los niños hagehai,
de Nueva Guinea,
aprenden a usar el
arco y las flechas
disparándole a
una flor. A los ocho
años deberán ser ya
diestros cazadores.*

Aficionados durante un partido de fútbol americano en Los Ángeles, California

AMÉRICA DEL NORTE

AMÉRICA DEL NORTE

La denominación "América del Norte" puede dar lugar a confusión ya que se utiliza con diversos significados. Nosotros la definimos como la zona septentrional de América que empieza con Panamá y alcanza hasta Canadá y Groenlandia. También comprende los Estados Unidos de América, México, y las zonas de América Central y las Antillas.

Este mapa muestra dónde está América del Norte.

Mundos distintos

Los paisajes y los climas de América del Norte son increíblemente variados. En el norte, Groenlandia y Alaska son regiones heladas con muy poca población, mientras que en Arizona, EE UU, hay amplias franjas desérticas, y en América Central predominan las selvas tropicales. Las ciudades como México D.F. y Nueva York se encuentran entre las más grandes del mundo y están repletas de interminables rascacielos.

Este joven bailarín, miembro de la tribu de los pies negros, está interpretando una danza en una celebración especial llamada powwow.

Los indios norteamericanos

Antes de la llegada de los europeos a América del Norte, sus habitantes se agrupaban en tribus o pueblos indígenas con sus propias costumbres y estilos de vida, gobernados por un jefe.

En el siglo XIX, los colonos europeos forzaron a los llamados indios, los indígenas que habitaban territorios de los actuales EE UU, a vivir en unas zonas denominadas reservas. Les obligaron a hablar y vestirse como ellos, y a convertirse al cristianismo. Como consecuencia, muchas tradiciones y lenguas nativas se han perdido. Hoy en día, se están intentando recuperar esas lenguas y los nativos se dedican a la fabricación y venta de productos tradicionales de alfarería, cestería y textiles. Otros grupos han roto con la tradición y han montado casinos.

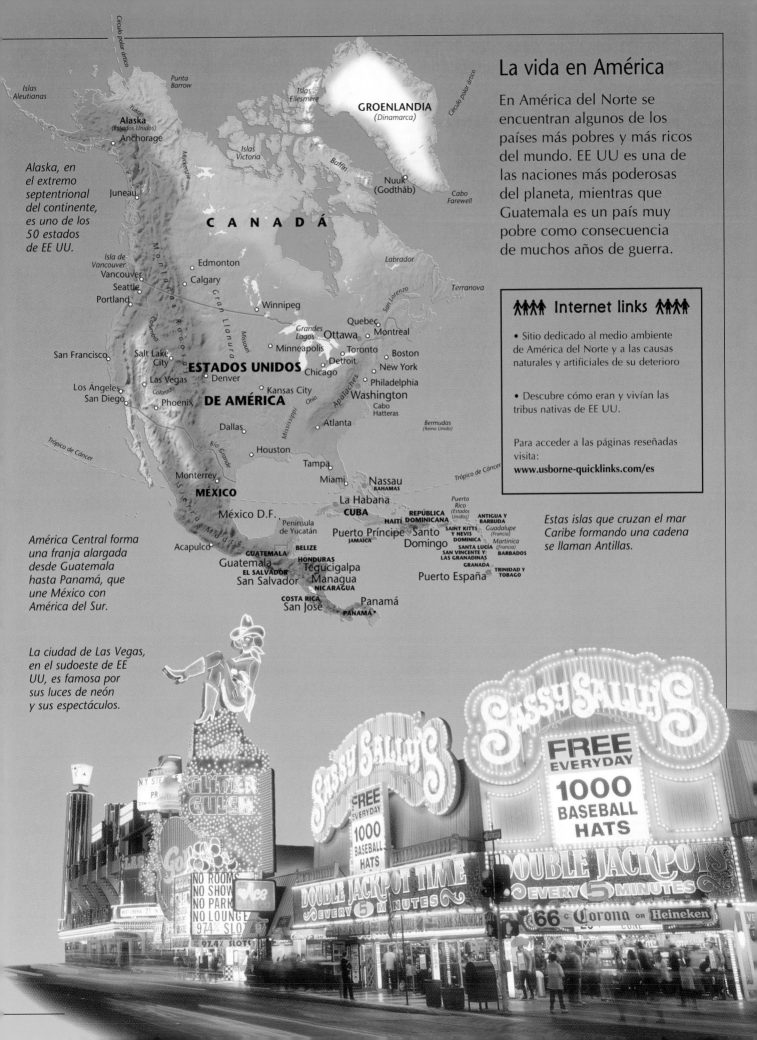

La vida en América

En América del Norte se encuentran algunos de los países más pobres y más ricos del mundo. EE UU es una de las naciones más poderosas del planeta, mientras que Guatemala es un país muy pobre como consecuencia de muchos años de guerra.

Alaska, en el extremo septentrional del continente, es uno de los 50 estados de EE UU.

👫 Internet links 👫

• Sitio dedicado al medio ambiente de América del Norte y a las causas naturales y artificiales de su deterioro

• Descubre cómo eran y vivían las tribus nativas de EE UU.

Para acceder a las páginas reseñadas visita:

www.usborne-quicklinks.com/es

Estas islas que cruzan el mar Caribe formando una cadena se llaman Antillas.

América Central forma una franja alargada desde Guatemala hasta Panamá, que une México con América del Sur.

La ciudad de Las Vegas, en el sudoeste de EE UU, es famosa por sus luces de neón y sus espectáculos.

Mapa

Círculo polar ártico
Islas Aleutianas
Punta Barrow
Islas Ellesmere
GROENLANDIA (Dinamarca)
Círculo polar ártico
Alaska (Estados Unidos)
Anchorage
Yukón
Juneau
Islas Victoria
Mackenzie
Baffin
Nuuk (Godthåb)
Cabo Farewell
C A N A D Á
Labrador
Isla de Vancouver
Edmonton
Calgary
Vancouver
Seattle
Portland
Montañas Rocosas
Gran Llanura
Winnipeg
Grandes Lagos
Quebec
Montreal
Terranova
San Lorenzo
Columbia
Missouri
Minneapolis
Ottawa
Toronto
Boston
San Francisco
Salt Lake City
ESTADOS UNIDOS
Chicago
Detroit
New York
Philadelphia
Las Vegas
Denver
Kansas City
Washington
Los Ángeles
San Diego
Phoenix
DE AMÉRICA
Colorado
Ohio
Apalaches
Cabo Hatteras
Bermudas (Reino Unido)
Dallas
Atlanta
Río Grande
Mississippi
Trópico de Cáncer
Houston
Sierra Madre
Tampa
Monterrey
Miami
Nassau
BAHAMAS
Trópico de Cáncer
MÉXICO
La Habana
México D.F.
CUBA
Puerto Rico (Estados Unidos)
Península de Yucatán
REPÚBLICA DOMINICANA
ANTIGUA Y BARBUDA
Puerto Príncipe
HAITÍ
Santo Domingo
SAINT KITTS Y NEVIS
Guadalupe (Francia)
JAMAICA
DOMINICA
Acapulco
BELIZE
SANTA LUCÍA
Martinica (Francia)
GUATEMALA
HONDURAS
SAN VICENTE Y LAS GRANADINAS
BARBADOS
Guatemala
EL SALVADOR
Tegucigalpa
GRANADA
San Salvador
Managua
Puerto España
TRINIDAD Y TOBAGO
NICARAGUA
COSTA RICA
Panamá
San José
PANAMÁ

ESTADOS UNIDOS

Los Estados Unidos de América, llamados
EE UU o a veces simplemente América,
forman un país enorme, aunque su tamaño
sólo representa la mitad del de Rusia, que es
el país más grande del mundo. EE UU es un
país muy rico y con una inmensa influencia
política y cultural en todo el mundo.

Tierra y ley

EE UU está compuesto por
50 estados individualmente
gobernados y que coordina un
gobierno federal que tiene su
sede en la capital, Washington
D.C. En el sur el clima es
cálido, hay mucha vegetación
y una gran riqueza petrolífera.
En el oeste se hallan las zonas
agrícolas y ganaderas. El
noroeste es el principal centro
empresarial, y en el sur es
donde se ha ido trasladando
la industria. De hecho, muchas
empresas informáticas están
en Silicon Valley, California.

*En EE UU existen cientos
de parques temáticos con
atracciones inmensas como
esta montaña rusa.*

El "sueño americano"

A este país ha acudido gente
de todo el mundo, y cada
año llegan un millón de
inmigrantes, muchos de los
cuales intentan conseguir
el "sueño americano" (la
creencia de que, en América,
cualquiera puede hacerse
rico). Sin embargo, en EE UU
hay mucha gente muy pobre.
La mezcla de gentes y pueblos

ha dado a EE UU una cultura
muy rica y variada. Estilos
de música como el jazz y el
blues, por ejemplo, provienen
de ritmos africanos llevados
a esta parte del mundo por
los esclavos, mientras que las
tradicionales tartas de queso y
los "bagels" son de origen judío.

*Martin Luther King,
líder del movimiento
afroamericano a favor
de los derechos civiles,
ofrece un discurso
durante una
concentración
en 1966.*

*La figura con corona
que se ve de fondo es la
Estatua de la Libertad,
que se erige en Nueva
York como símbolo de
la libertad política que
consagra la Constitución
de los EE UU.*

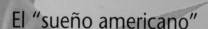 Links de Internet

• En esta página de la Embajada
de los Estados Unidos de América
en Madrid podrás averiguar todo
aquello que quieras saber sobre
este enorme país.

• Aquí podrás averiguar cuáles son
las festividades típicas de los Estados
Unidos.

• Ponte al día sobre el programa de
exploración espacial de la NASA.

Para acceder a las páginas reseñadas
visita:
www.usborne-quicklinks.com/es

El ocio

El mundo del espectáculo es un gran negocio en EE UU. Una de las mayores industrias cinematográficas del mundo se encuentra en Hollywood, California, y produce películas que pueden costar muchos millones de dólares. Los parques temáticos también son muy populares.

Ciencia y poder

EE UU debe a la ciencia y la tecnología gran parte del mérito de ser la primera potencia política del mundo. La energía nuclear puede utilizarse para fabricar armas y ha ayudado a EE UU a conseguir poder político. Como consecuencia, el país participa activamente en muchas guerras y en proyectos internacionales para el mantenimiento de la paz mundial. La riqueza y el éxito de la nación se debe también a la informática, ya que domina la tecnología de Internet y su idioma, el inglés, predomina en esta plataforma.

Minnie Mouse posa con un niño en Disney World, un parque temático basado en los personajes de los dibujos animados de Walt Disney.

La lanzadera espacial forma parte de la multimillonaria industria aeroespacial estadounidense.

PAISAJES DEL NORTE

En Canadá hay muchas estaciones de esquí, pero la gente también utiliza los esquís para ir de un sitio a otro.

En la región más septentrional de América del Norte están Canadá, Groenlandia y Alaska (parte de EE UU). Es un territorio enorme. Canadá es el segundo país más extenso del mundo, y Groenlandia, la isla mayor.

Multicultural

Canadá está dividido en diez provincias y tres territorios: el Yukon, Nunavut y los Territorios del Noroeste.

Muchos canadienses tienen antepasados británicos, franceses o indígenas, y los idiomas oficiales son el inglés y el francés. En la provincia de Quebec se impone la cultura francesa, y sus tiendas y cafés reflejan esta influencia.

Esquiadores disfrutando en la estación de Lake Louise, Alberta, Canadá. Los principales atractivos turísticos de Canadá son su belleza natural y las actividades al aire libre.

Recursos naturales

La mayoría de canadienses viven en grandes ciudades en la frontera con EE UU. El paisaje del resto del país es muy variado, con lagos, montañas, bosques y praderas que proporcionan gran cantidad de recursos naturales como madera, energía hidráulica, gas, petróleo y minerales. Quienes no viven en cuidades suelen dedicarse a la minería o a la industria maderera.

Deportes de invierno

Los deportes de aventura y las actividades como el piragüismo, la equitación y el rafting son muy populares en Canadá. Sin embargo, el país es famoso por sus deportes de invierno, como el hockey sobre hielo, que se juega sobre lagunas y lagos helados.

Una moto de nieve durante una competición deportiva en Canadá

Groenlandia

Aunque Groenlandia es la isla más grande del mundo, tiene muy pocos habitantes debido a sus bajas temperaturas. La mayor parte de la isla está situada dentro del círculo polar Ártico y su región central está cubierta por una capa de hielo perpetua.

La isla cuenta con una pequeña red de carreteras, aunque la gente se desplaza también en avioneta o en trineos tirados por perros. La mayoría de la población vive en la costa, donde el clima es más suave, y se dedica a la captura de peces, gambas y focas.

¿Quiénes son los esquimales?

Los esquimales o inuit son el pueblo nativo de Canadá. En 1999, el gobierno canadiense cedió parte de los Territorios del Noroeste al pueblo inuit, devolviéndole parte de las tierras arrebatadas por los colonos. Este nuevo territorio se llama Nunavut, que en esquimal significa "nuestra tierra".

Para conservar sus tradiciones, los esquimales hablan su propio idioma, el inukitut, cazan para alimentarse y realizan tallas en madera y hueso. También aprovechan la tecnología moderna y tienen motos de nieve, teléfonos y ordenadores.

En Groenlandia las aldeas son pequeñas. Ésta que ves tiene 500 habitantes y 2.000 perros para trineos, empleados en la caza y el transporte.

Los esquimales utilizan gruesos abrigos de pieles para abrigarse.

†††† Links de Internet ††††

• Página de turismo de Canadá, donde hay multitud de maravillas naturales.

• Descubre el pueblo inuit, que habita las zonas más septentrionales de América del Norte.

Para acceder a las páginas reseñadas visita:
www.usborne-quicklinks.com/es

17

MÉXICO

México es un país enorme situado entre EE UU y América Central. Es muy montañoso y sus habitantes suelen vivir en pueblos y ciudades en la zona central del país, que es más llana.

Los aztecas

A principios del siglo XIV, México estaba dominado por los aztecas. Este pueblo construyó un enorme imperio y desde su capital, Tenochtitlán, gobernaban a otros muchos pueblos indígenas. La caída del imperio sobrevino con la llegada de los conquistadores españoles en 1521. Los mexicanos de hoy en día son sobre todo mestizos, con mezcla de antepasados españoles e indígenas.

Una reconstrucción del calendario azteca, que se exhibe en el Museo Nacional de Antropología en México D.F.

México D.F.

México D.F., la capital, fue construida sobre las ruinas de Tenochtitlán. Hoy en día es la ciudad más grande del mundo y tiene 18 millones de habitantes. Concentra la actividad empresarial del país y sus calles son un hervidero de gente, vehículos y ruido. Está situada en un valle rodeado de volcanes, por lo que suele haber terremotos. Además, como el suelo sobre el que se asienta es pantanoso, la ciudad se hunde un poco más cada año.

Picante y sabroso

La comida mexicana es famosa en todo el mundo. El guacamole (puré de aguacate), las tortillas, los frijoles y unas guindillas picantes llamadas chiles son algunas comidas típicas de este país. En México existen más de 60 variedades distintas de chiles, y en algunas regiones se comen ensaladas hechas con cactus.

Los nachos, hechos de maíz, son muy populares en todo el mundo.

Los tomates, los chiles y los frijoles son fundamentales en muchos platos mexicanos.

El día de los muertos

El día de los muertos se celebra cada año el 2 de noviembre. Por los mercados y tiendas de todo México se venden esqueletos y calaveras hechas de azúcar o pan, y la gente se disfraza de esqueleto y participa en desfiles multitudinarios. Para rezar y recordar a los amigos y parientes muertos, se preparan en las casas pequeños altares decorados con flores, velas, comida y fotografías de los difuntos.

👫👫 Links de Internet 👫👫

• Después de navegar por esta página sabrás todo lo relativo a México: sus provincias, flora, fauna, geografía, economía...

• Imágenes de gentes, monumentos y lugares mayas y aztecas

Para acceder a las páginas reseñadas visita:
www.usborne-quicklinks.com/es

Un esqueleto hecho de papel maché para el desfile del día de los muertos

AMÉRICA CENTRAL

América Central es una estrecha franja de tierra que conecta el norte y el sur del continente americano. En la región abundan las montañas y volcanes, por lo que sus habitantes conviven con el riesgo de terremotos y erupciones volcánicas, que suelen ser frecuentes.

Estas niñas van vestidas de ángeles para participar en una procesión religiosa en El Salvador. Las fiestas religiosas son muy comunes en América Central.

La conquista

Como ocurrió con México, América Central fue conquistada por los españoles hace 500 años, y muchos de sus habitantes actuales son una mezcla entre la sangre de los conquistadores y la de los pobladores indígenas, aunque cada país tiene su propia mezcla de razas. Además de indígenas y europeos, por toda la costa caribeña hay gente con antepasados africanos.

La tierra de los mayas

Los mayas levantaron un poderoso imperio entre los años 200 y 900 de nuestra era, que abarcaba gran parte de Guatemala y partes de Belize, México, Honduras y El Salvador. Construyeron grandes ciudades, algunas de las cuales aún se encuentran en ruinas hoy en día en las junglas de Guatemala. Aunque los mayas ya no tienen poder, siguen constituyendo casi la mitad de la población guatemalteca.

Esta niña maya de Guatemala lleva a su hermana menor a memeches, es decir, sujeta a la espalda con un rebozo.

👪 Links de Internet 👪

• Visita el Canal de Panamá y aprende sobre su historia. También podrás ver impresionantes fotos de todo el recorrido.

• Página dedicada a los restos arqueológicos de la antigua ciudad de Copán, en Honduras, donde vivió el pueblo maya.

Para acceder a las páginas reseñadas visita:
www.usborne-quicklinks.com

La guerra del fúbol

América Central ha sufrido décadas de guerras civiles y conflictos entre países. En 1969 estalló una guerra entre El Salvador y Honduras tras disputar un partido de los mundiales de fútbol, aunque las razones reales fueron desacuerdos sobre el territorio, el comercio y los refugiados salvadoreños en Honduras.

Quitapenas

Los niños de América Central fabrican unos muñecos diminutos de vivos colores llamados quitapenas. Según la leyenda, si les cuentas tus preocupaciones por la noche y los pones bajo la almohada, por la mañana tus penas habrán desaparecido.

Los vestidos de los diminutos muñecos quitapenas se hacen con hilos enrollados.

El canal de Panamá

El canal de Panamá es una de las vías acuáticas más importantes del mundo. Se trata de un canal de 65 km que atraviesa este país y une el océano Atlántico y el Pacífico. Cada buque que pasa por el canal paga una cantidad según su peso. Según este sistema, un barco tiene que pagar varios miles de dólares, mientras que Richard Halliburton, que lo cruzó a nado en 1928, sólo pagó unas monedas.

La vida en la selva

Una vastísima región de América Central está cubierta por selva tropical, en la que viven una enorme variedad de flora y fauna. Sin embargo, las grandes explotaciones agrícolas, ganaderas y madereras están talando las selvas y puede que muchas plantas y animales se extingan.

Un bohío o choza con techo de paja situada en un claro de la selva panameña. El pueblo guaymi vive en chozas como ésta en la frontera entre Panamá y Costa Rica.

LAS ANTILLAS

En las islas del Caribe hay una gran variedad de frutas tropicales.

Piña

Antillas es el nombre que recibe un archipiélago formado por cientos de islas tropicales que recorre el mar Caribe desde América del Sur hasta América del Norte.

El plátano macho se usa mucho para cocinar.

La esclavitud

Desde el siglo XVI, las naciones europeas lucharon entre ellas por las islas caribeñas. Trajeron esclavos de África, Oriente Próximo, Lejano Oriente y la India para trabajar en las plantaciones de azúcar, tabaco y cacao. Muchos de los actuales habitantes de la región descienden de esos esclavos y los idiomas de todo el mundo se han combinado para formar dialectos regionales únicos llamados criollos.

El turismo

Las Antillas son célebres por sus playas de arena blanca, aguas transparentes y sol tropical. Su belleza y tranquilidad les ha ganado el apelativo de "el paraíso terrenal", por lo que el turismo constituye una de las mayores fuentes de ingresos de la región.

Mango

Papaya

Los turistas suelen bucear en las aguas transparentes del Caribe, como este muchacho que examina una caracola encontrada en Virgen Gorda, en las Islas Vírgenes Británicas.

Mucho trabajo

Aunque los turistas consideren las Antillas como un paraíso, la vida no es tan fácil para sus habitantes. Muchos de los que no trabajan en el sector del turismo se ganan la vida con el cultivo de la caña de azúcar (el producto que más se exporta), bananas, café y tabaco. En algunos de los estados más pobres, como Haití, hay un gran índice de desempleo y muchos haitianos se ven forzados a cruzar a la República Dominicana para encontrar trabajo.

La música

África tiene una gran influencia en la música caribeña. Muchos de sus estilos, como el reggae, la conga, el cha-cha-chá o el calipso, tienen raíces africanas. El calipso, que nació en Trinidad, es el estilo más asociado con el Caribe anglosajón, aunque en la zona latina los más populares son, entre muchos otros, el son cubano, el merengue dominicano o el vallenato colombiano.

Las fiestas callejeras

Los carnavales, que se celebran como fiestas religiosas, tienen una gran importancia en las islas. La temporada comienza antes de la Cuaresma (el período de 40 días previo a la Pascua del calendario cristiano). Las calles se inundan de gente cantando y bailando con disfraces de vivos colores, que participa en desfiles multitudinarios.

El junkanoo es una gran fiesta en las Bahamas. La gente se fabrica disfraces de gran colorido para participar en ella.

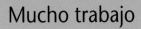 **Links de Internet**

• Descubre algunos de los principales intérpretes de música afro-hispánica del Caribe.

Para acceder a las página reseñada visita:
www.usborne-quicklinks.com/es

Un concurrido mercadillo callejero en Ecuador

AMÉRICA DEL SUR

AMÉRICA DEL SUR

En América del Sur convive una gran variedad de culturas. Esto se debe a que durante siglos llegaron colonos de Europa, África y Asia, que compartieron la tierra con los indígenas que llevaban viviendo allí miles de años.

Este mapa muestra dónde está América del Sur.

Grandes contrastes

Gran parte de Sudamérica está cubierta por selva tropical, montañas y desiertos, donde resulta difícil la supervivencia. Mucha gente vive en pequeñas aldeas y trabaja en el campo, pero en las costas están algunas de las mayores ciudades del mundo, donde los rascacielos conviven con las chabolas.

Caracas
VENEZUELA
Medellín
Bogotá
Orinoco
Georgetown
Paramaribo
Cayenne
Cali
COLOMBIA
Macizo de las Guayanas
GUYANA
SURINAM
GUYANA FRANCESA

Ecuador
Ecuador
Quito
Belém
Islas Galápagos (Ecuador)
ECUADOR
Amazonas
Manaus
Fortaleza

Cuenca del Amazonas

Andes
PERÚ
BRASIL
São Francisco
Lima
Mato
Grosso
Salvador

Lago Titicaca
La Paz
Brasilia
BOLIVIA
Sucre
Escudo
Brasileño
Belo Horizonte
Desierto de Atacama
Río de Janeiro
São Paulo
Trópico de Cap
Trópico de Capricornio
PARAGUAY
Curitiba

Asunción

Paraná
Porto Alegre

Córdoba
CHILE
Rosario
URUGUAY
Andes
Santiago
Pampa
Buenos Aires
Montevideo
ARGENTINA
Patagonia

Islas Malvinas (Reino Unido)

Tierra del Fuego

Cabo de Hornos

Los indígenas

Los expertos creen que los primeros pobladores de América llegaron de Asia, probablemente a través de una estrecha franja de tierra que antes unía por el norte Alaska con Rusia. Sus descendientes viven sobre todo en países montañosos de Sudamérica, como Perú, Colombia, Bolivia y Ecuador.

Un continente católico

En Sudamérica viven gentes muy dispares, pero el 90% son católicos. Esta rama del cristianismo fue introducida por los invasores españoles y portugueses durante el siglo XVI. Las iglesias e imágenes católicas se extienden hoy por toda Sudamérica, y se celebran muchas festividades cristianas.

Otras religiones

Muchos sudamericanos son devotos de dioses y espíritus tradicionales americanos o africanos, además de acudir a misas católicas. Existe la creencia de que los sacerdotes de algunas religiones indígenas, llamados chamanes, tienen poderes mágicos.

Lenguas latinas

América del Sur suele denominarse también Latinoamérica, puesto que la mayor parte de la gente habla español y portugués, que son derivados del latín y eran los idiomas de los conquistadores europeos. Sin embargo, hay mucha gente que habla idiomas autóctonos americanos, como, por ejemplo, el quechua y el aimara.

Esta playa abarrotada es la famosa Copacabana de Río de Janeiro, Brasil.

♟♟♟ Links de Internet ♟♟♟

• Completa y divertida página dedicada a la cultura andina

• Página dedicada al descubrimiento de América por parte de los españoles

Para acceder a las páginas reseñadas visita:
www.usborne-quicklinks.com

Un chamán recoge corteza de un árbol de la selva para hacer medicinas tradicionales.

LOS ANDES

La inmensa cordillera de los Andes serpentea a lo largo de la costa oeste de América del Sur, atravesando Colombia, Ecuador, Perú, Bolivia, Chile y Argentina. Pese al peligro que suponen los volcanes y los terremotos, en los Andes viven millones de mineros, granjeros y gente de ciudad.

Este niño ecuatoriano está preparando a una llama para llevarla al mercado.

Tierras fértiles

Los picos de los Andes están cubiertos de nieve, pero la tierra de sus laderas es muy buena para el cultivo. Los campesinos de las regiones andinas cultivan maíz, café y otras cosechas en pequeñas parcelas, en las que construyen terrazas para conservar el suelo. Si la tierra no es lo bastante buena para el cultivo, se dedican a la cría de animales como la llama o la alpaca, que proporcionan leche, lana y transporte.

Artesanía

Muchos de los indígenas de la región viven en aldeas y algunos se ganan la vida con la artesanía tradicional: tejen vistosos mantones a rayas, mantas y sombreros que, además de llevarlos los lugareños, se venden a los turistas y se exportan a todo el mundo.

Un conjunto de música tradicional tocando para los turistas en Machu Picchu, Perú

Música andina

La música tradicional andina combina sonidos españoles con los autóctonos americanos y suele interpretarse en la calle o en sociedades musicales llamadas peñas. Cuando tocan para los turistas, los músicos suelen vestirse con el traje tradicional de la zona.

La Paz, en Bolivia, está situada a 3.650 m y es la capital más alta del mundo.

Las ciudades

En los Andes hay ciudades enormes, como Bogotá, la capital de Colombia, y La Paz, una de las dos capitales de Bolivia (la otra se llama Sucre). La gente que vive en las ciudades suele trabajar en fábricas o minas. En las montañas hay enormes yacimientos de oro, cobre, estaño, carbón y piedras preciosas, sobre todo esmeraldas, cuyas mayores minas se encuentran en Muzo, Colombia. Los buscadores de tesoros (guaqueros) buscan entre las piedras y el polvo de desecho de la mina gemas que no hayan detectado las máquinas.

La influencia inca

Los tahuantinsuyos, más conocidos como incas, gobernaron una amplia zona del oeste de Sudamérica. Su reinado acabó hace 400 años, pero su influencia aún se deja sentir sobre los países andinos.

Hay 13 millones de personas que hablan el quechua, la lengua de los incas, y en las montañas, los campesinos siguen utilizando las terrazas construidas por sus antepasados incas. Además, sus ciudades en ruinas como Machu Picchu, en Perú, son atracciones turísticas.

Esta niña peruana, vestida con el traje tradicional, pertenece al pueblo quechua, que desciende del inca.

PUEBLOS DE LA SELVA

El inmenso valle del Amazonas, en América del Sur, está cubierto por millones de kilómetros cuadrados de selva húmeda y espesa. La selva amazónica contiene más de un tercio de los árboles del mundo. Desde hace miles de años, es el hogar de muchos pueblos indígenas.

Los jefes del pueblo kayapo, en Brasil, suelen llevar estos adornos en los labios para resaltar su papel de portavoces.

Vidas tradicionales

La selva amazónica es tan grande que las tribus que viven en ella llevan siglos aisladas del resto del mundo. Algunos pueblos han sido descubiertos recientemente, pero puede que haya otros que jamás hayan tenido contacto con el exterior. Pueblos como los jíbaros, los txikao y los kayapo cuentan con su propio idioma y costumbres, pero son muchos los que comparten modos de vida similares y se dedican a la caza, la recolección de frutos y la agricultura.

Peligro inminente

A medida que se van construyendo carreteras en la selva, los pueblos que la habitan tienen más contacto con el exterior. Además, la progresiva deforestación les despoja de sus tierras y hogares, obligándoles a aprender otros idiomas o marcharse a las ciudades para subsistir, abandonando así sus tradiciones y su modo de vida.

👪 Links de Internet 👪

• Aquí podrás ver cómo viven los pueblos del Amazonas venezolano.

• Información sobre un proyecto de conservación de la selva amazónica y ayuda a los pobladores ribereños de Perú

Para acceder a las páginas reseñadas visita:
www.usborne-quicklinks.com/es

Un miembro del pueblo jíbaro toca una flauta de madera.

La deforestación

Los árboles de la selva del Amazonas proporcionan todo tipo de productos, como frutos secos, cera o goma. Al principio simplemente se recolectaban, pero ahora la mayoría se cultivan en plantaciones.

Tradicionalmente, los pueblos que vivían en la selva amazónica despejaban pequeñas áreas de tierra para plantar sus cosechas y, transcurridos unos años, se iban a otro lado. Como los claros eran pequeños, este método, llamado agricultura itinerante, apenas causaba daños a la selva y los árboles volvían a crecer. Sin embargo, desde la década de 1960 no se ha parado de talar árboles a fin de obtener madera y espacio para explotaciones agrícolas y ganaderas, minas y fábricas, por lo que las dimensiones de la selva están disminuyendo.

Muchas plantas amazónicas, como éstas de Ecuador, se utilizan como productos medicinales.

La cocina de la selva

Aunque los pueblos del amazonas son sobre todo agricultores, también se dedican a la recolección. La caza y la pesca les proporcionan gran variedad de carne, porque entre otros animales cazan monos, tucanes y caimanes. El pueblo piaroa, de Venezuela, incluye en su dieta unas arañas enormes llamadas tarántulas, que se cocinan vaciando sus órganos sobre una hoja que luego asan al fuego.

Muchos pueblos del amazonas obtienen de sus cultivos la comida justa. Esta mujer está haciendo harina de mandioca, una planta autóctona parecida a la patata.

MESTIZAJE CULTURAL

La cultura sudamericana es una mezcla de los diferentes pueblos que viven allí. Por ejemplo, hay muchos aficionados al fútbol, originario de Europa, o a la samba, que proviene de África. En la cocina se combinan influencias españolas, africanas e indígenas americanas.

¡Fiesta!

Los carnavales y los desfiles de disfraces son muy frecuentes por toda Sudamérica. La mayoría conmemoran festividades cristianas como la Cuaresma, la Pascua y la Navidad. Se trata de fiestas muy animadas, con música, bailes, disfraces, comida y bebida. Muchas ciudades, pueblos y aldeas celebran sus propias fiestas locales por motivos religiosos o históricos.

Platos deliciosos

En América del Sur la comida es muy variada. Los argentinos y uruguayos comen mucha carne, mientras que los bolivianos tienen docenas de variedades de patatas. La típica comida de los Andes consiste en ternera frita, alubias, huevo frito, arroz y una rodaja de aguacate. Este plato recibe el nombre de churrasco en Ecuador y bandeja paisa en Colombia. Localmente, se consideran manjares exquisitos el cuy (conejillo de indias), las hormigas culonas fritas en Colombia y la iguana (un tipo de lagarto) en Guyana.

Esta mujer peruana está preparando unos conejillos de indias para asarlos.

Estos bailarines disfrazados forman parte de un desfile en Venezuela que se organiza para celebrar la festividad católica del Corpus Christi.

La fiebre del fútbol

El fútbol es el deporte rey en Sudamérica y los miembros de las selecciones nacionales se consideran héroes. En 1930, Uruguay organizó y ganó el primer Campeonato Mundial de Fútbol de la historia. Desde entonces, Argentina lo ha ganado dos veces y Brasil nada menos que cinco, hazaña que sólo este país ha conseguido. Los niños de toda Sudamérica juegan al fútbol en la calle; la mayoría de ciudades y pueblos tienen equipos, y hasta los habitantes de la selva despejan claros para jugar partidos.

♦♦♦♦ Links de Internet ♦♦♦♦

• Escucha música paraguaya típica.

• Si te apetece cocinar un plato argentino, aquí encontrarás la receta.

Para acceder a las páginas reseñadas visita:
www.usborne-quicklinks.com/es

Estos niños juegan al fútbol en la antigua fortaleza de Sacsahuaman, cerca de Cuzco, en Perú.

Influencia africana

La cultura de la costa este de Sudamérica tiene un fuerte componente africano. Hace cientos de años llegaron multitud de esclavos procedentes de África Occidental para trabajar en las minas y en las plantaciones de caña de azúcar de los gobernantes europeos de la zona. Sus creencias, músicas y culturas ejercieron una gran influencia y siguen presentes hoy en día. Los ritmos africanos se mezclaron con los sonidos españoles, portugueses e indígenas para crear estilos musicales como la samba y la salsa. En Brasil hay mucha gente devota de una religión espiritual llamada candomblé, basada en tradiciones africanas.

Este bailarín representa al dios de la medicina en la religión candomblé.

BRASIL

Brasil es el país más grande de América del Sur. En su territorio se encuentra la mayor parte de la selva amazónica y algunas de las ciudades más grandes del mundo. Si bien en muchos aspectos es un país muy moderno, muchos de sus habitantes son pobres.

Esta estatua de Cristo de 30 m de altura se erige sobre la colina de Corcovado, en Río de Janeiro, y su silueta se ve desde alta mar.

Portugal y Brasil

A diferencia del resto de Sudamérica, Brasil fue una colonia de Portugal y su idioma oficial es el portugués. Justo antes del año 1500, los portugueses recibieron las noticias del descubrimiento del llamado "Nuevo Mundo" por parte de los españoles. Se trataba de tierras desconocidas hasta entonces en Europa, y Portugal reclamó su parte. Los dos países llegaron a un acuerdo según el cual Portugal se quedaría con la parte oriental del continente. Brasil se independizó en el año 1822.

Carnaval

Brasil es famoso por sus festivales, música y discotecas. El acontecimiento más célebre es el carnaval, que se celebra en todo el país cada mes de febrero o marzo con motivo del comienzo de la Cuaresma.

Las celebraciones duran cinco días y abundan comida y bebida, baile, desfiles multitudinarios y concursos de samba. La samba es un tipo de música de percusión muy popular en Brasil. Hay escuelas de samba en las que la gente puede aprender tanto la música como el baile.

Una bailarina de samba durante el famoso carnaval de Río

Una nueva capital

En 1956, el gobierno brasileño comenzó la construcción de una nueva capital, Brasilia, que se planificó como una ciudad moderna, de alta tecnología, y que hoy sigue siendo famosa por sus edificios futuristas. La ciudad se diseñó para que la circulación por sus carreteras fuera fluida y sencilla, así que no se instalaron semáforos. Cuando empezaron a llegar habitantes, se quejaron de que era muy difícil cruzar las calles y cambiaron el sistema.

👪 **Links de Internet** 👪

• Página de turismo de Brasil con datos de las zonas que forman este país

Para acceder a las página reseñada visita:

www.usborne-quicklinks.com/es

La Catedral Metropolitana de Brasilia es un buen ejemplo de la arquitectura moderna de la ciudad.

Crecimiento sin control

La población de muchas ciudades brasileñas, como São Paulo y Río de Janeiro, está creciendo muy rápido debido a la llegada de habitantes de zonas rurales en busca de trabajo y hogar.

Como no suele haber suficientes viviendas para la gente que llega, en las afueras de las ciudades se crean barrios llenos de chabolas construidas con restos de metal, cartón, madera y demás residuos. Los barrios de chabolas reciben el apelativo de favelas, que es el nombre de una flor de las montañas.

Los barrios de chabolas, como éste de São Paulo, suelen encontrarse en las colinas, donde la orografía no permite construir casas más grandes.

Gente disfrazada con máscaras en el carnaval de Venecia, en Italia

EUROPA

EUROPA

Pese a ser el segundo continente más pequeño del mundo, en Europa hay más de 40 países y sus habitantes hablan más de 50 idiomas distintos. A lo largo de la historia, el llamado Viejo Continente ha sido testigo de multitud de migraciones*.

Este mapa muestra dónde está Europa.

El Viejo Continente

Durante casi seiscientos años, hasta el siglo VI, los romanos dominaron gran parte de Europa. Hoy en día existen, entre los distintos países, similitudes en el derecho, los idiomas, la arquitectura y la educación que se remontan a la era romana. Los romanos adoptaron muchas ideas de los griegos, que tenían un imperio poderoso y una cultura muy rica.

El cristianismo

El cristianismo ha sido la religión más importante de Europa desde los días del Imperio Romano. En los días de hoy, muchos europeos no van a misa regularmente y otros profesan religiones distintas, pero la influencia del cristianismo en el arte, la arquitectura y la cultura se hace notar en todo el continente.

Arte en Europa

En Europa han nacido muchos grandes artistas, compositores y escritores. El poeta griego Homero, el dramaturgo inglés Shakespeare, compositores como Bach, Mozart y Beethoven, junto a artistas como Miguel Ángel o Picasso son famosos en el mundo entero. Además, Europa atrae cada año a millones de turistas, que acuden a ver sus antiguas ruinas, su magnífica arquitectura y sus museos y galerías de arte.

Las exposiciones de arte, conciertos, teatro y otras artes escénicas forman una parte importante de la cultura europea. Aquí vemos a unos actores en la ópera de Londres.

La península que forman Noruega, Suecia, Finlandia y Dinamarca se llama Escandinavia.

Cabo Norte

ISLANDIA
Reikiavik

Círculo polar ártico

Islas Feroe (Dinamarca)

Laponia

Península de Kola

El territorio ruso se divide entre Europa y Asia, pero la parte europea es la más poblada.

La cordillera de los Urales marca la frontera oriental de Europa.

NORUEGA

SUECIA

FINLANDIA

Helsinki

San Petersburgo

Oslo

Estocolmo

Tallin
ESTONIA

RUSIA

Moscú

Riga
LETONIA

IRLANDA
Dublín

REINO UNIDO

DINAMARCA Copenhague

LITUANIA
Vilna
RUSIA

Minsk

BIELORRUSIA

Londres

Amsterdam
PAÍSES BAJOS

Berlín

Varsovia

Dniéper

Kiev

Volgogrado

Bruselas

BÉLGICA

ALEMANIA

POLONIA

Volga

Sena

LUXEMBURGO

Praga

Cracovia

UCRANIA

París

Rin

REPÚBLICA CHECA

Cárpatos

FRANCIA

Berna

LIECHTENSTEIN

Viena

ESLOVAQUIA
Bratislava

Budapest

MOLDAVIA
Chisinau

SUIZA

AUSTRIA

HUNGRÍA

Cáucaso

Ljubljana

Milán

ESLOVENIA

Zagreb

Belgrado

ROUMANIA

Bucarest

La cordillera del Cáucaso, en Georgia y Rusia, forma otra de las fronteras naturales de Europa.

Marsella

Pirineos

SAN MARINO

CROACIA

BOSNIA-HERZEGOVINA

YUGOSLAVIA

Danubio

PORTUGAL

ANDORRA

MÓNACO

ITALIA

Apeninos

Sarajevo

Sofia

BULGARIA

Madrid

Córcega

Roma

Tirana

Skopje
MACEDONIA

Estambul

TURQUÍA

boa

Tajo

ESPAÑA

Barcelona

Cerdeña

ALBANIA

Sólo el extremo noroccidental de Turquía se encuentra en Europa. La ciudad turca de Estambul está justo entre Europa y Asia.

Islas Baleares

GRECIA

La costa mediterránea atrae a numerosos turistas europeos.

Sicilia

Atenas

MALTA

Creta

Europa dividida

Al término de la II Guerra Mundial, gran parte de Europa Oriental quedó bajo el control de la URSS*, un estado comunista. Las diferencias políticas entre la URSS y el bloque occidental no comunista aumentaron hasta que Europa quedó dividida en dos, y se acuñó el término "telón de acero" para definir esta división. En 1961, las autoridades de Alemania del Este erigieron un muro custodiado por soldados armados en la ciudad de Berlín para evitar que la gente huyera al oeste. En 1989, las protestas contra la falta de libertad provocaron la caída del muro de Berlín.

♟♟♟ Links de Internet ♟♟♟

• Visita algunos de los museos más famosos de Europa: el Louvre en París, el Prado en Madrid y el Museo Británico en Londres (sitio en inglés).

• Desde este sitio podrás realizar una visita virtual a Roma, antigua capital del Imperio Romano.

• Página desde donde tendrás acceso a las oficinas de turismo virtuales en español de países nórdicos.

Para acceder a las páginas reseñadas visita:
www.usborne-quicklinks.com/es

*Migraciones, 7; URSS, 70

EUROPA OCCIDENTAL

La pasta es un plato italiano muy popular en todo el mundo. Aquí puedes ver distintos tipos de pasta.

En Europa Occidental, la mayoría de la gente reside en grandes ciudades, donde la vida es muy rápida e interesante, con montones de tiendas, restaurantes, salas de conciertos, cines y museos. Sin embargo, muchas de estas ciudades están superpobladas y contaminadas.

¡A comer!

La gastronomía de Europa occidental es tremendamente variada y muchos países son famosos por sus platos típicos o costumbres culinarias. Por ejemplo, Italia es célebre por sus pizzas y su pasta, Alemania por sus salchichas, España por sus tapas y Francia por su pan y sus quesos. Estos platos son muy populares en otros países del mundo. Además, España y Francia son también célebres por sus vinos.

El trabajo

Muchos europeos occidentales trabajan en la industria, en el diseño y la fabricación de productos como coches y ropa. Actualmente las fábricas usan cada vez más máquinas y ordenadores para elaborar sus productos, desplazando la mano de obra al sector de los servicios, que se llama así porque su finalidad es prestar un servicio al público, como ocurre con el personal de un hotel, el director de un banco o un presentador de televisión.

La vida rural

En algunas partes de Europa Occidental hay campesinos que siguen usando bueyes para trabajar en la tierra y recogiendo sus cosechas a mano. Sin embargo, lo normal es que sólo las explotaciones más grandes y mecanizadas sobrevivan, mientras que las más pequeñas van desapareciendo.

El Mediterráneo

La costa norte del Mediterráneo forma la frontera sur de Europa. Sus habitantes disfrutan de veranos largos y cálidos, que hacen de esta zona un lugar muy turístico. Un buen número de gente que vive en zonas costeras trabaja en empresas del sector turístico.

♟♟♟ Links de Internet ♟♟♟

• Haz clic sobre Oh! Carnevale mio! y descubre con todo lujo de detalles el carnaval de Venecia.

• Descubre España: sus comunidades autónomas, ciudades principales, historia, costumbres, folklore, gastronomía...

• Página con vídeos de las carreras con quesos de Gloucester

Para acceder a las páginas reseñadas visita:
www.usborne-quicklinks.com/es

Estas pequeñas máscaras ornamentales se venden en Francia. Las de tamaño real se llevan en la mascarada anual del carnaval de Venecia.

Una ciudad sobre el agua

En Europa Occidental hay ciudades históricas impresionantes, pero una de las más curiosas es Venecia, en Italia, porque está situada sobre más de cien islas diminutas y unida por una red de canales. Como no hay coches, la gente se mueve a pie o en barco. Hay embarcaciones especiales para el transporte público, además de unas barcas largas y estrechas llamadas góndolas en las que suelen subir los turistas.

El Arco del Triunfo de París, la capital de Francia, fue mandado construir por Napoleón en 1806 para conmemorar sus victorias. Hoy en día está rodeado por enormes avenidas.

Fiestas peculiares

Los europeos occidentales tienen muchos días festivos para celebrar acontecimientos religiosos y nacionales, pero también hay fiestas regionales muy curiosas. Por ejemplo, cerca de Gloucester, en Inglaterra, se celebra un concurso que consiste en perseguir quesos colina abajo. En las

Una bailaora de flamenco, un estilo de cante y baile español famoso en el mundo entero.

celebraciones de año nuevo en Urnäsch, Suiza, la gente va de casa en casa llamando a las puertas y bailando con una máscara puesta. En España también hay muchas fiestas locales; en Buñol, Valencia, hay una guerra anual de tomates, y en Cataluña se forman castillos humanos. Las fiestas de San Fermín, en Pamplona, son famosas por sus encierros de toros por las calles de la ciudad.

EUROPA DEL ESTE

Hasta la pasada década, gran parte de Europa del Este u Oriental estaba bajo el control de una potencia comunista, la URSS*. A finales de la década de 1980 y principios de la de 1990, el pueblo se rebeló contra los líderes comunistas y hoy en día existen multitud de estados independientes.

Una escuela cerca de Chernóbil, que fue evacuada tras un desastre nuclear

Pueblos en guerra

A lo largo de los siglos, Europa Oriental ha conocido muchas guerras. En los últimos años, ha habido conflictos porque ciertos grupos étnicos exigían más libertad para su pueblo. Por ejemplo, Yugoslavia era antes mucho más grande que ahora y albergaba a muchos pueblos distintos: serbios, bosnios, croatas, eslovenos, montenegrinos, albaneses y macedonios. Desde la caída del sistema comunista, en 1990, han estallado varias guerras en la zona debido a conflictos sobre el territorio y a la voluntad de formar estados independientes.

La contaminación

La contaminación es un problema muy grave, sobre todo en Europa del Este. Muchas de las fábricas construidas durante la era comunista siguen usando combustibles y métodos anticuados, que permiten el escape de gases tóxicos. En 1986, un terrible accidente en un reactor nuclear en Chernóbil, Ucrania, lanzó al aire una nube radioactiva que contaminó una zona vastísima de terreno. Cientos de personas tuvieron que ser evacuadas y la radiación hizo enfermar a muchas de ellas.

Relaciones comerciales

La caída de la Unión Soviética y el comunismo ha ocasionado un gran desarrollo del comercio entre los países de Europa del Este y los del resto del mundo. Además de exportar productos como el vino y los bienes manufacturados, algunos países de la zona se han convertido en grandes compradores de nuevas tecnologías, como sistemas informáticos y móviles.

Una figura del Parque de las Estatuas, en Hungría. El parque contiene estatuas comunistas que antes estaban situadas en plazas y otros lugares públicos.

*Comunismo, URSS, 70

Los balnearios

Los balnearios se construyen junto a manantiales de aguas con minerales. En el siglo XIX se puso de moda en toda Europa beber y bañarse en balnearios, y muchos de ellos tuvieron que acondicionarse para recibir tantos visitantes. En Europa del Este existen numerosos balnearios que siguen atrayendo al público, como el de Budapest en Hungría y los de Karlovy Vary y Mariánské Lázně en la República Checa.

👥👥👥 Links de Internet 👥👥👥

• Visita Budapest sin moverte de tu casa; podrás ver fotografías de los lugares más turísticos y hasta hacer un crucero por el Danubio.

• Si quieres saber todo lo relativo al mito de Drácula e incluso ver su castillo, visita esta página.

• Este es el sitio tendrás oportunidad de descubrir Polonia.

Para acceder a las páginas reseñadas visita:
www.usborne-quicklinks.com/es

Récord de longevidad

En Georgia vive más gente con más de 100 años que en ningún otro país. Muchos georgianos afirman que se debe a su estilo de vida al aire libre, con buen clima y tierras fértiles. Según la leyenda local, cuando Dios creó a los georgianos no le quedaba tierra que darles para que vivieran, por lo que se vio obligado a entregarles la tierra que se había reservado para sí mismo, que era la mejor del mundo.

La arquitectura

Muchas ciudades de Europa del Este tienen un casco antiguo muy bien conservado, como es el caso de Praga, Cracovia y Budapest, famosas por sus callejuelas adoquinadas y su enorme variedad arquitectónica, con impresionantes castillos e iglesias. Algunas casas están hechas de madera y muchas otras, más grandes, tienen las fachadas pintadas de colores. Sin embargo, muchas urbes, como Varsovia en Polonia, que tuvieron que reconstruirse casi por completo después de la Segunda Guerra Mundial, están dominadas por bloques de apartamentos modernos.

Este moderno edificio de Praga, obra del arquitecto Frank Gehry, se conoce como "Ginger y Fred", en memoria de los bailarines Fred Astaire y Ginger Rogers, porque pareja bailando.

LA EUROPA DEL NORTE

Dinamarca, Suecia, Noruega y Finlandia forman una región llamada Escandinavia. Junto a la isla volcánica de Islandia, forman la Europa del norte. En Escandinavia e Islandia no hay apenas pobreza, y la limpieza de sus ciudades y sus bellos paisajes fascinan a mucha gente.

Gente bañándose en la Laguna Azul, una fuente de aguas termales en Islandia.

La tierra del sol de medianoche

El extremo norte de Escandinavia está en pleno círculo polar ártico, el área que rodea al polo norte. En invierno, sus habitantes no ven la luz del sol durante un mes, mientras que desde finales de mayo hasta finales de julio el sol no llega a ponerse. Por esta razón se conoce como la tierra del sol de medianoche.

Este hotel de Suecia está hecho enteramente de hielo. En verano se derrite y se vuelve a construir con la llegada del invierno. Hasta los vasos que usan los clientes están hechos de hielo.

El esquí es un deporte muy practicado en Escandinavia. Durante el invierno también es una manera de desplazarse al trabajo y a la escuela.

Los meses de invierno

En invierno, gran parte del norte de Europa está cubierta de nieve. En muchos lugares, el esquí se convierte en la manera más fácil de desplazarse y los niños suelen aprender a esquiar en cuanto aprenden a andar. Algunos van al colegio esquiando todas las mañanas, y se organizan multitud de competiciones anuales.

El medio ambiente

Muchos niños y adultos de Escandinavia son miembros de grupos ecologistas que tratan de proteger el medio ambiente cuidando el campo y evitando contaminar. Los gobiernos organizan campañas de reciclaje para recuperar los productos reutilizables de los hogares, y la región es pionera en la construcción de casas respetuosas con el medio ambiente, equipadas con paneles solares y un buen aislamiento para ahorrar energía.

Laponia

Laponia, situada en el extremo norte de Escandinavia, es una de las últimas regiones vírgenes de Europa. Se extiende desde el norte de Rusia hasta el norte de Finlandia, pasando por parte de Suecia y Noruega. Allí viven los lapones o saami, un pueblo que tiene su propio idioma y cultura, algunos de los cuales llevan un estilo de vida tradicional y se dedican a la cría del reno. Las viviendas tradicionales son unas tiendas cónicas llamadas *kota*, aunque en nuestros días suelen vivir en casas agrupadas en pequeñas aldeas.

Un pastor lapón sujeta a una cría de reno recién nacida.

ᴬᴬᴬ Links de Internet ᴬᴬᴬ

• Directorio de sitios de interés dedicados a países escandinavos

• Aquí podrás ver imágenes de los países de la Europa septentrional y encontrarás enlaces para obtener más información sobre ellos.

Para acceder a las páginas reseñadas visita:
www.usborne-quicklinks.com/es

Un diseño atrevido

Escandinavia es muy conocida por la calidad de sus diseños. Las empresas escandinavas son famosas por fabricar objetos cotidianos, como sillas, mesas y hasta coches, de forma sencilla pero muy atractiva. Hoy en día, el estilo escandinavo se copia en todo el mundo.

UNA EUROPA UNIDA

La mayoría de países europeos pertenecen a organizaciones como la Unión Europea o el Consejo de Europa, en las que varios estados se unen para prestarse apoyo. Muchos europeos creen que esta unión tiene muchas ventajas; otros temen que los países pierdan su identidad.

Reunión de los estados de la Unión en Estrasburgo, Francia

¿Qué es la Unión Europea?

La Unión Europea o UE es la organización más importante del continente. Se formó en 1957, cuando Bélgica, Francia, Italia, Alemania, Luxemburgo y Holanda formaron la CEE (Comunidad Económica Europea) con el fin de mejorar el comercio y la cooperación entre sus estados miembros. El grupo fue cambiando con los años y en 1993 pasó a llamarse Unión Europea. En el año 2000 contaba con 15 estados miembros, y ya hay más solicitudes de ingreso.

♟♟♟ Links de Internet ♟♟♟

• Página de la Unión Europea. En ella se pueden consultar, por ejemplo, datos sobre los países miembros y sobre aquellos que quieren convertirse en estados miembros en el futuro.

• Visita este sitio para saber todo lo relacionado con la historia de la Unión Europea, sus instituciones y la moneda única del viejo continente: el euro.

Para acceder a las páginas reseñadas visita:
www.usborne-quicklinks.com/es

Libre comercio

La Unión Europea ha aprobado leyes que permiten a los estados miembros comerciar entre ellos con gran facilidad. Además, la legislación de la Unión regula los sistemas de pesos, las medidas y las normas de seguridad de los trabajadores. También permite trabajar o desplazarse dentro de la UE sin permiso de trabajo o visado.

Las banderas de la Unión Europea y sus estados miembros. ¿Sabrías identificar a qué país pertenece cada una?

La moneda única

Durante la década de 1990, la Unión Europea comenzó a introducir una moneda única llamada euro, que con el tiempo, sustituiría a las monedas de cada uno de los estados miembros. Aunque algunos países son reacios a la moneda única, su lanzamiento tuvo lugar el 1 de enero de 1999 y participaron 11 de los estados miembros.

Un euro se divide en 100 céntimos. Las que ves a la derecha son monedas de 50 céntimos de euro.

El Consejo de Europa

El Consejo de Europa no es parte de la UE, sino una organización independiente creada para proteger los derechos humanos en Europa. Tiene 41 miembros, muchos más que la UE, y los ciudadanos de cualquiera de sus estados miembros pueden acudir al Tribunal Europeo de los Derechos Humanos (parte del Consejo de Europa) si consideran que el sistema legal de su país no es justo.

La bandera de la Unión Europea tiene 12 estrellas, que representan los 12 estados que formaban esta organización en 1993.

Euroescépticos

Aunque la pertenencia a organizaciones europeas tiene ventajas, también puede acarrear inconvenientes. A ciertos sectores de la población les preocupa que le creciente poder de los organismos europeos ponga en peligro la cultura individual de cada país. En algunos países, ciertos activistas políticos, llamados euroescépticos, quieren evitar que sus gobiernos firmen los tratados europeos y adopten la moneda única.

Agricultores de toda Europa protestan en Estrasburgo contra unas medidas tomadas por el gobierno europeo.

Estos zulúes lucen los tocados tradicionales durante una celebración en Durban, Sudáfrica.

ÁFRICA

ÁFRICA

Á frica es un continente enorme, el segundo más grande del mundo, donde se encuentran más de 50 países y cientos de etnias, modos de vida y religiones diferentes. Aún así, muchos africanos sienten que pertenecen a un único grupo, especialmente al sur del desierto del Sáhara.

Este mapa muestra dónde está África.

Libertad

En el siglo XV, los europeos comenzaron a transportar gente desde África Occidental a Europa y a América para que trabajaran como esclavos. La esclavitud fue abolida en el siglo XIX, pero entonces los países europeos se repartieron el territorio africano. La mayor parte del continente se dividió en colonias bajo el control de Portugal, Bélgica, Italia, Francia, Gran Bretaña y Alemania. Los africanos se resistieron a la invasión extranjera, pero la mayoría de los países no se independizaron hasta las décadas de 1960 y 1970.

Los pueblos de África

En África conviven cientos de grupos étnicos con su propia cultura, religión, idioma y tradiciones. En un país puede haber muchas etnias distintas, mientras que el territorio donde vive un grupo determinado puede extenderse por varios países.

Una bailarina sudafricana con el atuendo tradicional

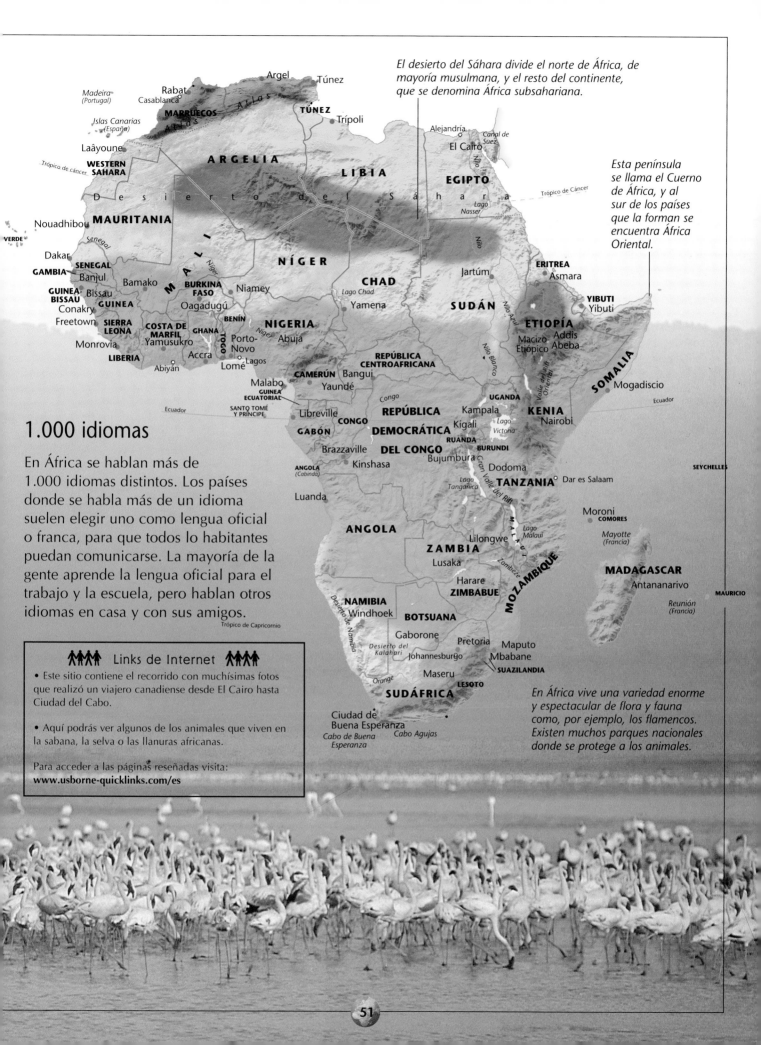

El desierto del Sáhara divide el norte de África, de mayoría musulmana, y el resto del continente, que se denomina África subsahariana.

Esta península se llama el Cuerno de África, y al sur de los países que la forman se encuentra África Oriental.

1.000 idiomas

En África se hablan más de 1.000 idiomas distintos. Los países donde se habla más de un idioma suelen elegir uno como lengua oficial o franca, para que todos lo habitantes puedan comunicarse. La mayoría de la gente aprende la lengua oficial para el trabajo y la escuela, pero hablan otros idiomas en casa y con sus amigos.

Links de Internet

• Este sitio contiene el recorrido con muchísimas fotos que realizó un viajero canadiense desde El Cairo hasta Ciudad del Cabo.

• Aquí podrás ver algunos de los animales que viven en la sabana, la selva o las llanuras africanas.

Para acceder a las páginas reseñadas visita:
www.usborne-quicklinks.com/es

En África vive una variedad enorme y espectacular de flora y fauna como, por ejemplo, los flamencos. Existen muchos parques nacionales donde se protege a los animales.

Madeira (Portugal)
Rabat
Casablanca
Argel
Túnez
MARRUECOS
Atlas
TÚNEZ
Trípoli
Alejandría
El Cairo
Canal de Suez
Islas Canarias (España)
Laâyoune
Trópico de cáncer
WESTERN SAHARA
ARGELIA
LIBIA
EGIPTO
Desierto del Sáhara
Trópico de Cáncer
Lago Nasser
Nilo
MAURITANIA
Nouadhibou
VERDE
Senegal
Dakar
NÍGER
CHAD
Nilo
Jartúm
ERITREA
Asmara
SENEGAL
GAMBIA
Banjul
Bamako
MALI
Níger
BURKINA FASO
Niamey
Lago Chad
Yamena
SUDÁN
Nilo Azul
YIBUTI
Yibuti
GUINEA-BISSAU
Bissau
Conakry
GUINEA
Oagadugú
BENÍN
NIGERIA
ETIOPÍA
Macizo Etiópico
Addis Abeba
Freetown
SIERRA LEONA
COSTA DE MARFIL
GHANA
TOGO
Níger
Abuja
Macizo Etiópico
Monrovia
Yamusukro
Porto-Novo
Accra
Lagos
REPÚBLICA CENTROAFRICANA
SOMALIA
LIBERIA
Abiyán
Lomé
CAMERÚN
Bangui
Mogadiscio
Malabo
Yaundé
GUINEA ECUATORIAL
Congo
UGANDA
Kampala
Ecuador
SANTO TOMÉ Y PRÍNCIPE
Libreville
CONGO
REPÚBLICA DEMOCRÁTICA DEL CONGO
Kigali
KENIA
Nairobi
Ecuador
GABÓN
RUANDA
BURUNDI
Valle del Rift Oriental
Brazzaville
Bujumbura
Lago Victoria
SEYCHELLES
ANGOLA (Cabinda)
Kinshasa
Dodoma
TANZANIA
Dar es Salaam
Luanda
Lago Tanganica
Gran Valle del Rift
Moroni
COMORES
ANGOLA
Lilongwe
MALAUI
Lago Malaui
Mayotte (Francia)
ZAMBIA
Lusaka
Zambeze
MOZAMBIQUE
MADAGASCAR
Antananarivo
Harare
ZIMBABUE
Reunión (Francia)
MAURICIO
NAMIBIA
Desierto de Namibia
Windhoek
BOTSUANA
Gaborone
Pretoria
Maputo
Desierto del Kalahari
Johannesburgo
Mbabane
SUAZILANDIA
Trópico de Capricornio
Maseru
LESOTO
Orange
SUDÁFRICA
Ciudad del Cabo
Ciudad de Buena Esperanza
Cabo de Buena Esperanza
Cabo Agujas

REPARTO DE PODER

Antiguamente, África estaba formada por reinos étnicos, cada uno con su propio idioma y cultura. Cuando las potencias europeas dividieron al continente en estados, las nuevas fronteras atravesaron los reinos de pueblos como los tuareg y los masai, dividiendo sus territorios.

Esta mujer bereber, un pueblo del norte de África, está hilando lana a la manera tradicional.

La identidad étnica

Para muchos africanos, su grupo étnico es tan importante como su nacionalidad. En lugar de ser sudanés o keniano, por ejemplo, un africano puede presentarse como mundani, bantú, yoruba, bosquimano, bereber o cualquiera de los cientos de grupos que hay.

Conflictos internos

Cuando algunos países, como Chad, Nigeria y Angola, lograron independizarse de Europa, los distintos grupos étnicos comenzaron a luchar por el poder. Muchas de las guerras que sigue habiendo en África están motivadas por desacuerdos étnicos. A menudo, como en el conflicto entre hutus y tutsis ocurrido en Ruanda y Burundi en la década de 1990, la gente de la etnia con menos poder se ve forzada a huir a países vecinos. Estas personas se llaman refugiados, porque buscan refugio y seguridad.

Un campo de refugiados de Ruanda, que sirvió para alojar temporalmente a miles de personas forzadas a abandonar sus hogares durante el conflicto de 1994

Dirigentes locales

Aunque los países africanos tienen sus propios gobiernos, muchas tribus y grupos étnicos tienen su líder local o jefe. Un jefe tiene poder para resolver disputas y preside las ceremonias y celebraciones oficiales. El cargo suere ser hereditario y pasa de padres a hijos.

A la derecha, Togbui Adeladza II, líder del pueblo anlo-ewe de Ghana, vestido con ropas ceremoniales

👪👪 Links de Internet 👪👪

• Interesantísimo sitio dedicado a África: mapas, tribus, idiomas, costumbres, arte, historia...

• Aprende a jugar al wari, un popular juego de mesa africano.

• Ésta es la página del Alto Comisionado de las Naciones Unidas para los refugiados, uno de los problemas que vive el continente africano.

Para acceder a las páginas reseñadas visita:
www.usborne-quicklinks.com/es

Las *Nanas Benz* de Togo

Las mujeres no suelen tener poder político en los gobiernos africanos; no obstante algunos pueblos tienen sociedades matriarcales, lo que quiere decir que el poder pasa de madres a hijas. En algunas zonas de Togo, por ejemplo, los miembros más poderosos de la comunidad son unas ricas comerciantes de ropa llamadas *Nanas Benz*. El negocio y la riqueza familiar pasa de madres a hijas y, si sólo tienen hijos varones, las herederas son sus sobrinas.

TIERRAS DESÉRTICAS

El Sáhara, el desierto más grande del mundo, divide el norte de África del resto del continente. Los países mediterráneos (Marruecos, Argelia, Túnez, Libia y Egipto) son naciones musulmanas y suelen tener más en común con Oriente Medio que con el resto de África.

Estos colgantes representan la mano de Fátima, la hija de Mahoma, el profeta más importante del islam.

La vida en el desierto

El Sáhara ocupa más del 70% del norte de África, aunque tiene muy pocos habitantes. Entre ellos están los tuareg, un pueblo nómada que controlaba las rutas comerciales del desierto en la antigüedad. Debido a la sequía sufrida en las últimas décadas, muchos pueblos del desierto han tenido que abandonar su estilo de vida y marcharse a la ciudad.

La mano de Fátima

En el norte de África, la religión musulmana es muy importante y la mayoría de la gente reza varias veces al día. También se protegen de la mala suerte con amuletos de una mano tallada, la mano de Fátima. Se dice que es muy útil contra el "mal de ojo", una maldición provocada por una mirada celosa.

Tradicionalmente, los tuareg llevan velos como éstos y cuando están en presencia de mujeres y extranjeros sólo enseñan los ojos.

Ciudades amuralladas

En algunas ciudades modernas del norte de África, como Marrakech en Marruecos o Túnez, capital del país homónimo, siguen en pie las antiguas ciudades medievales o medinas. Rodeados por enormes murallas, los cascos antiguos de las ciudades están abarrotados de callejuelas donde se suele encontrar el mercado o zoco. Los distintos productos se venden o se fabrican en partes diferentes de la medina; así, los oficios más ruidosos u olorosos suelen realizarse a las afueras, mientras que las artes como la encuadernación de libros se realizan junto a la mezquita principal.

Estos impresionantes muros rodean el casco antiguo de Marrakech, en Marruecos. La mayoría de los edificios modernos de la ciudad están fuera de la medina.

La antigüedad

En el norte de África han existido ciudades enormes y civilizaciones muy avanzadas durante miles de años, por lo que hoy en día encontramos cientos de ruinas por toda la región. Los monumentos más famosos son las pirámides construidas por los antiguos egipcios como tumbas para sus reyes, los faraones. En Túnez también hay multitud de ruinas impresionantes, entre las que se encuentra el enorme coliseo romano de El Jem.

♟♟♟ Links de Internet ♟♟♟

• Descubre el mundo de los desiertos, y los animales y plantas que sobreviven en él.

• Mediante esta página podrás adentrarte en el fascinante mundo de Egipto.

Para acceder a las páginas reseñadas visita:
www.usborne-quicklinks.com/es

Esta estatua del faraón Tutankamón se halló en su tumba situada en el Valle de los Reyes.

El valle del Nilo

Egipto no es tan seco como el resto del Sáhara gracias al Nilo, el río más largo del mundo. El Nilo sufre crecidas anuales que inundan el valle que forma, y esto hace que la tierra de sus márgenes sea muy fértil y en ella pueda cultivarse arroz, trigo y naranjas.

Actualmente, la inundación está controlada por la gran presa de Asuán, construida en 1968. Miles de personas de la etnia local, los nubios, tuvieron que abandonar sus hogares, que ahora descansan bajo el gigantesco embalse que formó la presa.

ÁFRICA OCCIDENTAL Y CENTRAL

Los países de África Occidental y Central están en su mayoría situados alrededor del enorme golfo de Guinea. Nigeria, que se encuentra en el centro de la región, es el país con más población de todo el continente. Esta región del globo se caracteriza por su diversidad de pueblos, culturas y religiones, y en ella existe un gran interés por las artes y la música.

El Sahel

El Sahel es una franja de tierra árida situada al sur del Sáhara. Los países que la forman, como Chad, Níger y Mali, no tienen mar. Casi todas sus tierras son yermas y cada pocos años sufren sequías muy graves. Hacia el norte del Sahel vive un pueblo de pastores nómadas llamados tuareg, y al sur, la tierra es más fértil y la gente vive de la agricultura y la pesca.

Izquierda: dos dogon bailan con zancos en las fiestas tradicionales de la localidad de Sangha, en Mali.

La franja costera

Los pequeños países que se apiñan en la costa occidental, como Ghana y Senegal, están entre los países africanos con mayor riqueza. Además de la agricultura y la pesca, explotan yacimientos muy valiosos de mineral de hierro, diamantes y oro. Estos países eran colonias europeas, pero se independizaron a mediados del siglo XX. Algunos, como Sierra Leona, han sufrido mucho debido a las guerras que estallaron entre distintos grupos por ocupar el poder.

Nigeria

Nigeria es una tierra donde hay enormes contrastes. Los rascacielos de la ciudad costera de Lagos nada tienen que ver con las selvas tropicales del este o con las extensas llanuras secas y aldeas con muros de barro que hay en la región central. En Nigeria el número de grupos étnicos supera los 250. Los tres más numerosos son los hausa y los fulani, que viven en el norte y son de mayoría musulmana; los igloo, que son cristianos y viven en el sur, y los yoruba, que habitan el suroeste del país y practican varias de las religiones de tradición africana.

👤👤👤 Links de Internet 👤👤👤

• Mapa e información de Nigeria

• En esta página hay muchas fotografías de viajes por Ghana, Benín, Costa de Marfil y otras zonas africanas.

Para acceder a las páginas reseñadas visita:
www.usborne-quicklinks.com/es

Una imagen de Lagos, la ciudad más grande de Nigeria, cuyas calles son un constante bullir de peatones, tráfico y mercados callejeros.

Estos pescadores buduma faenan en una canoa hecha de carrizo. El pueblo buduma vive en unas islas que hay en el lago Chad, entre Níger, Nigeria, Chad y Camerún.

En un altar de Oshogbo, al suroeste de Nigeria, se encuentra esta estatua yoruba dedicada a una diosa del río: Ochún.

Diversidad religiosa

Hoy en día, las religiones tradicionales siguen teniendo mucha influencia en África. Muchas se basan en el llamado animismo, la creencia de que las plantas y los animales tienen espíritu propio. Se cree que el mundo espiritual coexiste con el mundo físico e influye en éste último de muchas maneras.

PAISAJES ORIENTALES

Los paisajes más famosos de África se encuentran en el extremo oriental del continente, donde los desiertos del norte dejan paso a la sabana, los lagos y las reservas naturales del Gran Valle del Rift. Esta región se ha visto influida por distintos pueblos extranjeros y etnias autóctonas.

En África oriental está la sabana, una llanura increíblemente extensa donde habitan animales como los leones.

El Cuerno de África

El Cuerno de África es una extensión de tierra con forma de gancho que se adentra en el mar justo al sur de Arabia. Los países que lo componen, como Etiopía, Yibuti y Somalia, son secos y muy calurosos, y gran parte de sus habitantes viven del pastoreo itinerante.

Recientemente, Etiopía y Somalia han sufrido hambrunas provocadas por una sequía que acabó con las cosechas y los animales. A menudo, el dinero se invierte en guerras en lugar de en comida, y algunas zonas se han vuelto tan peligrosas que la ayuda internacional no puede acceder a ellas.

Ecoturismo

En Kenia y Tanzania se encuentra la sabana del Gran Valle del Rift, donde abundan leopardos, leones, antílopes y multitud de animales salvajes. Estos países han conservado parques y reservas nacionales enormes, que no sólo protegen a los animales sino que permiten ganar dinero con el turismo. En el pasado, la gente pagaba para cazar estos animales, pero ahora los turistas que salen de safari lo hacen para verlos y fotografiarlos.

Una aldea cercana a Belet Weyne, en Somalia. Fíjate en las típicas chozas redondas de paja y en el redil para el ganado.

El lago en peligro

Los pueblos que viven alrededor del lago Victoria, que forma una frontera natural entre Uganda, Tanzania y Kenia, llevan siglos sirviéndose de él para sus viajes y para obtener alimento. Sin embargo, el lago sufre la contaminación de los fertilizantes provenientes de los cultivos de café y té, lo que ha provocado un descenso alarmante en el número de peces que habitan sus aguas.

El Gran Valle del Rift

El Gran Valle del Rift está formado por un conjunto enorme de valles y lagos que atraviesan toda África Oriental. Estos lagos y sus fértiles márgenes hacen que la tierra sea ideal para la pesca y la agricultura. Los arqueólogos que trabajan en la región han encontrado cráneos y herramientas que sugieren que África Oriental es la tierra donde aparecieron los primeros seres humanos.

Los masai

En África Oriental viven multitud de grupos étnicos. Los masai, cuyo territorio está entre Tanzania y Kenia, son un pueblo orgulloso dedicado al pastoreo trashumante de ganado. No suelen sacrificar a sus reses para comer, sino que obtienen proteínas bebiéndose la leche e incluso la sangre de los animales.

Hoy en día, los masai van a las ciudades para vender ganado y comprar otras cosas. También venden sus famosos adornos de cuentas y posan para los turistas.

♟♟♟ Links de Internet ♟♟♟

• Página dedicada a investigar la posibilidad de que los primeros seres humanos vivieran en el Valle del Rift.

• Fotos y breves comentarios sobre tribus de Kenia

Para acceder a las páginas reseñadas visita:
www.usborne-quicklinks.com/es

Una joven masai ataviada con los adornos tradicionales de cuentas: tocado, collares y pendientes

ÁFRICA MERIDIONAL

El extremo sur del continente africano tiene tierras ricas y fértiles, desiertos, hermosas costas y pantanos. El país más importante es Sudáfrica, el estado más rico del continente. Sus minas, granjas y fábricas dan trabajo a mucha gente de países próximos. Desde hace unos años Sudáfrica ha venido experimentando grandes cambios.

La extracción de piedras preciosas, como estos diamantes, da trabajo a mucha gente en Sudáfrica.

División y desigualdad

En 1994, Sudáfrica celebró sus primeras elecciones libres después de más de 40 años de un régimen llamado *apartheid* (que significa "apartamiento"), según el cual sólo los blancos podían votar. Los sudafricanos de origen europeo gobernaban el país, mientras que los principales grupos étnicos se veían forzados a vivir separados unos de otros.

En dichas elecciones salió vencedor un partido llamado Congreso Nacional Africano, que al subir al poder comenzó a cambiar muchas cosas. Hoy en día, los miembros de todos los grupos étnicos pueden vivir y trabajar juntos, pero sigue habiendo grandes desigualdades, pobreza, violencia y delincuencia.

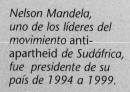

Nelson Mandela, uno de los líderes del movimiento anti-apartheid de Sudáfrica, fue presidente de su país de 1994 a 1999.

Oro y diamantes

Gran parte de la riqueza de esta región proviene de sus yacimientos de minerales valiosos. La mina de oro más grande del mundo está en Witwatersrand, cerca de Johannesburgo, en Sudáfrica, y miles de personas de todo el sur de África trabajan en estas minas, extrayendo minerales y piedras preciosas.

♛♛♛ Links de Internet ♛♛♛

• Aprende algunas palabras de sesotho, uno de los idiomas de Sudáfrica.

• En este sitio se recoge todo lo relativo a la nueva Sudáfrica.

Para acceder a las páginas reseñadas visita:
www.usborne-quicklinks.com/es

Los bosquimanos

El Kalahari es un desierto de piedras que ocupa parte de Botswana, Sudáfrica y Namibia, y en él habita el pueblo bosquimano o !kung san desde hace varios miles de años. Muchos de ellos viven ahora en ciudades, pero unos pocos siguen viviendo como cazadores-recolectores. Los hombres se dedican a la caza, mientras que las mujeres y los niños recogen frutos secos, fruta y miel.

La lengua que hablan los bosquimanos o !kung san, además de muchos otros pueblos del sur de África, pertenece a un grupo lingüístico llamado khoisán. Además de haber vocales y consonantes, estos idiomas incluyen chasquidos que se hacen con la lengua. El signo ! equivale a uno de los muchos tipos de chasquidos que hay.

El modo de vida de los cazadores-recolectores, como estos bosquimanos que recogen bayas en el Kalahari, es uno de los más antiguos del mundo.

La vida en la isla

Dos niños de Madagascar transportan una red de pesca, actividad muy importante de la vida en la isla.

Frente a la costa oriental del sur de África se encuentran las islas de Madagascar, Mauricio, las Comores y las Seychelles. Sus primeros habitantes llegaron del sudeste asiático, atravesando más de 4.000 kilómetros del océano Índico. Hoy en día, sus gentes son una mezcla de etnias africanas, asiáticas y árabes, y se ganan la vida con la pesca, el turismo y el cultivo de especias.

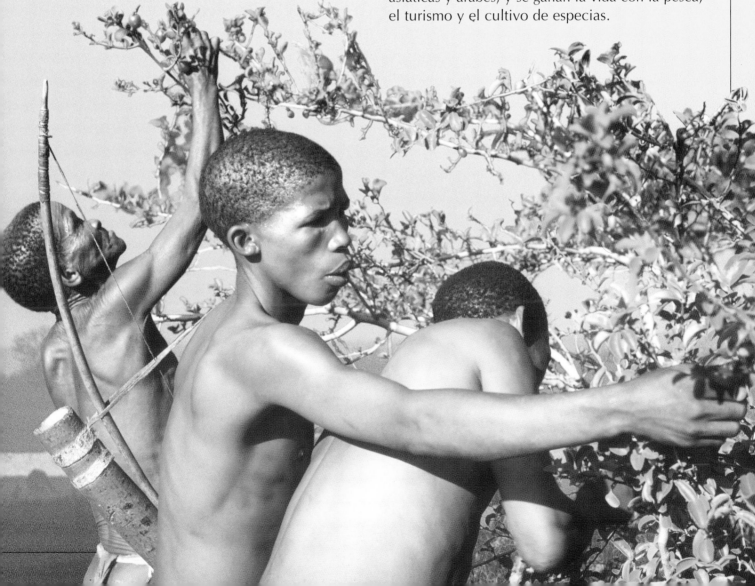

ARTE AFRICANO

África es célebre por la gran variedad de su arte y artesanía: esculturas, máscaras, pinturas, adornos de cuentas, cerámicas y tallas. Tradicionalmente, la artesanía africana se usaba en ceremoniales religiosos o en ocasiones especiales. En la actualidad se vende a los turistas, se exporta y se exhibe en galerías de arte.

Pintura prehistórica

Los primeros ejemplos de arte africano son unas pinturas y grabados rupestres que tienen 8.000 años de antigüedad y se hallaron en el desierto del Sáhara. Las escenas de caza de estas pinturas sugieren que, en el pasado, el desierto era más verde que hoy en día y lo habitaban muchas más personas, plantas y animales.

Una pintura rupestre hallada en Tassili, Argelia, que representa a gente con un rebaño de reses

Máscaras y estatuas

Las máscaras y estatuas son mucho más comunes en el arte africano que las pinturas de paisajes u objetos, lo cual se debe a que esta clase de arte suele destinarse a ceremonias. Las máscaras y estatuas son representaciones de dioses, espíritus o imágenes de la belleza perfecta, y pueden usarse como amuletos de buena suerte. Por ejemplo, algunas mujeres ashanti, un pueblo de Ghana, llevan la figura de un niño como amuleto para ayudarles a tener hijos sanos.

Esta máscara es de Zimbabue y forma parte de un traje ceremonial de danza.

Ataúdes simbólicos

En Accra, la capital de Ghana, se ha desarrollado una forma artística muy curiosa. La gente que puede permitírselo se hace enterrar en ataúdes especiales que representan su modo de vida. Por ejemplo, un hombre de negocios podría tener un ataúd con forma de coche, y un pescador uno con forma de pez o de barca.

Este ataúd con forma de pollo se construyó probablemente para un granjero.

👪👪 Links de Internet 👪👪

• Interesante muestra de arte africano donde destacan las máscaras, las estatuas y el mobiliario

• Observa obras de arte pertenecientes al antiguo Egipto.

Para acceder a las páginas reseñadas visita:
www.usborne-quicklinks.com/es

El cuerpo y el arte

Los pendientes en las orejas y en la nariz, las pinturas faciales y los peinados complicados son elementos de gran importancia en muchas ceremonias tradicionales. Hay gente que diseña su propio arte. Los tatuajes y marcarse la piel con dibujos (escarificación) también se consideran un tipo de arte corporal.

Las mujeres del pueblo nuer, al sur de Sudán, se marcan la cara con cicatrices para señalar el paso a la vida adulta.

El arte del antiguo Egipto, como este grabado de 3.300 años hallado en Saqqara, atrae a multitud de turistas cada año.

Estos niños de Hanoi, Vietnam, están celebrando la inauguración de una escuela.

ASIA

ASIA

Asia, el continente más grande del mundo, abarca casi un tercio de la tierra firme del planeta y sirve de hogar a más del 60% de la población mundial. En Asia vive mucha gente con culturas, religiones, modos de vida y sistemas políticos distintos.

Este mapa muestra dónde está Asia.

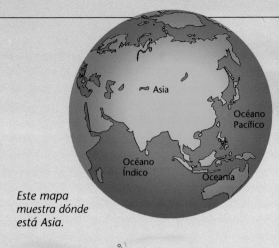

Más de tres cuartas partes de Rusia están en Asia; el resto está en Europa. Los Urales forman una frontera natural entre ambos continentes.

La mayor parte de Turquía está en Asia, aunque una pequeña porción está en Europa.

Los yacimientos de petróleo más ricos de Asia se hallan en Oriente Próximo, la región más occidental del continente.

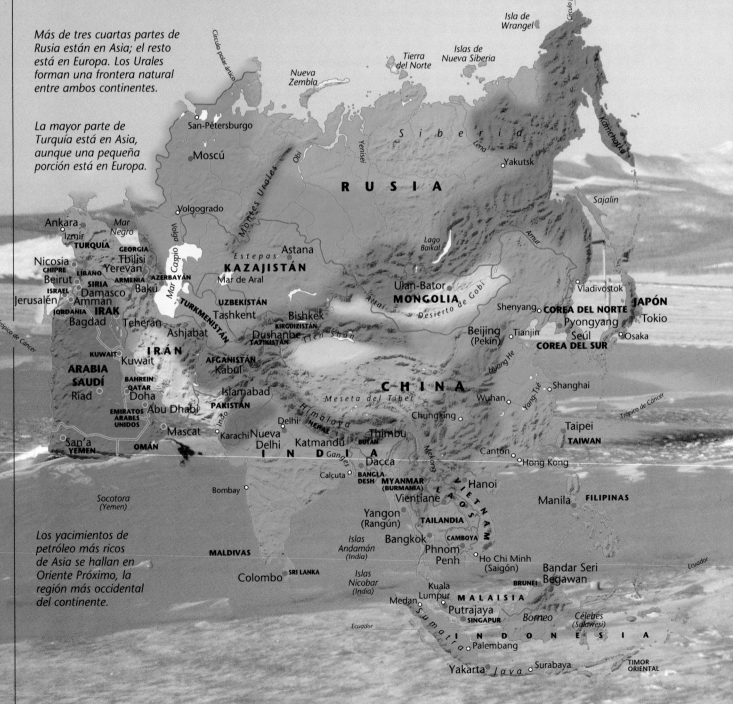

Estados nuevos

Desde 1991 han surgido en Asia varios estados nuevos, entre los que se encuentran Kirguizistán, Kazajistán y Tayikistán. Estos tres nuevos países formaban parte de la URSS (Unión de Repúblicas Socialistas Soviéticas), un país inmenso cuyo gobierno estaba en Moscú. En 1991 se disolvió y dio lugar a la formación de distintos estados independientes, incluida Rusia, que sigue siendo el país más grande del mundo.

Los nómadas de Mongolia construyen campamentos temporales, donde instalan tiendas circulares como ésta.

Un gran negocio

En Asia están algunos de los países más poderosos del mundo gracias a sus bancos, sus fábricas y su gran poder comercial. En los lugares más ricos, como Hong Kong, Tokio, Singapur, Dubai, Bahrein y Kuala Lumpur, abundan los rascacielos.

Es probable que muchas de tus cosas (como la ropa, el ordenador, el teléfono, los juguetes o los discos compactos) estén fabricadas en Asia. Corea, China, Taiwan y Japón fabrican productos que se exportan a todas partes del mundo.

La agricultura y la pesca

Asia cuenta con miles de kilómetros de costa sobre todo en la zona del sudeste, donde hay más de 15.000 islas. Por esta razón, la pesca se ha convertido en una fuente vital de alimento y trabajo para millones de asiáticos.

En el interior hay zonas vastísimas de tierra fértil, donde millones de familias sin recursos cultivan sus alimentos en parcelas de tamaño muy reducido. En Asia también existen enormes explotaciones donde se produce arroz, goma, té y café para la exportación.

Bajo estas líneas puedes ver una red de pesca tradicional china, que se usa desde hace cientos de años. La red se introduce en el agua con una pértiga muy larga.

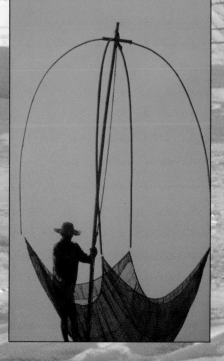

♦♦♦ Links de Internet ♦♦♦

• Esta página te dará una visión global de Japón, desde sus más antiguas tradiciones a sus costumbres actuales.

• Aquí tendrás oportunidad de ver alguno de los paisajes más típicos de Japón como el monte Fuji. También hay fotos de varios templos, pagodas y castillos.

• Página con fotos de Rusia e información sobre sus ciudades, artesanía y gastronomía.

Para acceder a las páginas reseñadas visita:
www.usborne-quicklinks.com/es

PLURALIDAD DE RELIGIONES

Las principales religiones del mundo surgieron en Asia. En este continente hay una extensa variedad de fes y muchas de ellas, como el cristianismo, el islamismo o el judaísmo, están extendidas por todo el globo. Los rituales religiosos son esenciales en la vida asiática.

Lugares sagrados

Por toda Asia hay lugares sagrados muy importantes: donde nacieron o murieron los profetas, donde surgieron ciertas religiones, ciudades, montañas y ríos que se consideran sagrados. Millones de fieles de todo el mundo viajan cada año en peregrinación a estos emblemáticos lugares.

Agua bendita

El río Ganges, en el norte de la India, es sagrado para los hindúes, quienes constituyen un 90% de la población de ese país. Los peregrinos visitan el Ganges para purificarse bañándose en sus aguas; en sus márgenes se celebran ceremonias.

Estas mujeres se bañan al amanecer en el Ganges, a su paso por Varanasi, en la India. Para facilitar la entrada y salida de los peregrinos, se construyeron escalones en la orilla.

Viaje a La Meca

Todos los musulmanes tienen que realizar, al menos una vez en su vida, una peregrinación (llamada *hach*) a la ciudad santa de La Meca, en Arabia Saudí, que es el lugar de nacimiento de Mahoma, el profeta del islam. Cuando llegan, los peregrinos caminan alrededor de un altar llamado la Kaaba, que se supone que fue construido por el profeta Abraham, llamado Ibrahim en la tradición islámica.

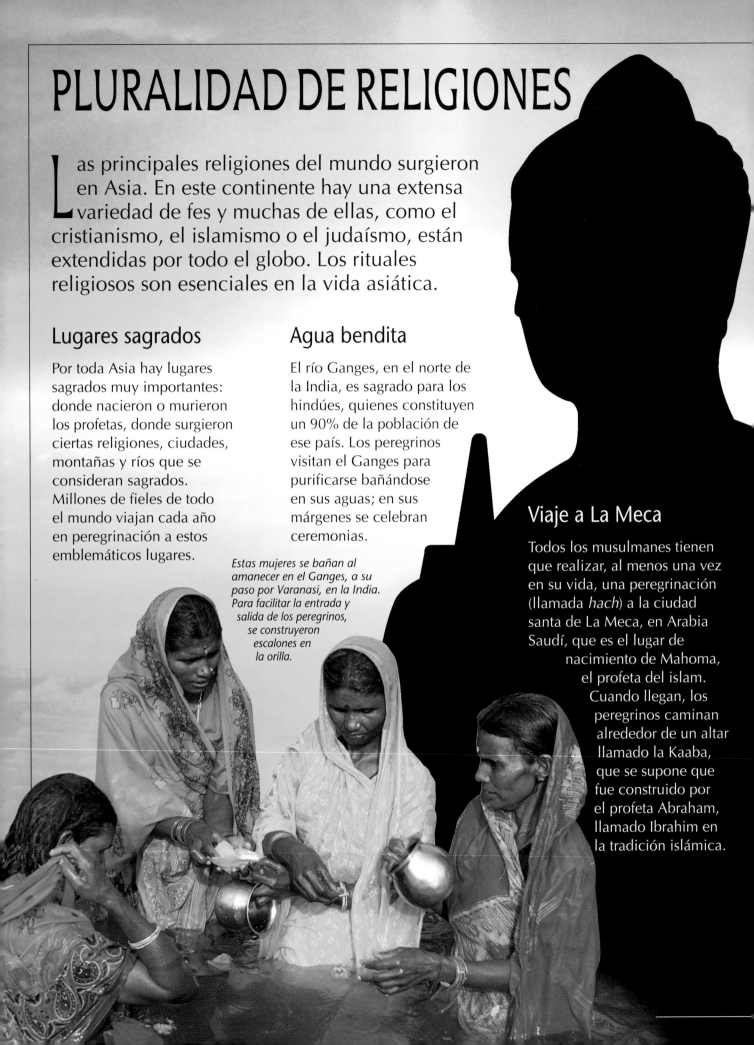

Jerusalén

Jerusalén, actual capital de Israel, es una ciudad santa para los judíos, los cristianos y los musulmanes. En ella se erige el Muro de las Lamentaciones, que es lo que queda de un antiguo templo judío, y la Cúpula de la Roca, una mezquita que marca el lugar desde el cual el profeta Mahoma ascendió a los cielos. Los cristianos creen que es también el lugar donde Jesucristo fue crucificado.

👥👥 Links de Internet 👥👥

• Conoce las nociones básicas del judaísmo.

• Descubre cuáles son los cinco pilares de la fe islámica.

• Página que intenta explicar el hinduismo

Para acceder a las páginas reseñadas visita:
www.usborne-quicklinks.com/es

La silueta del fondo es parte del enorme templo budista de Borobudur, situado en Java, Indonesia.

Los peregrinos judíos visitan el Muro de las Lamentaciones para llorar por la destrucción de su templo e insertan oraciones en las grietas del muro. Al fondo se ve la Cúpula de la Roca, una mezquita musulmana.

Arquitectura ejemplar

Por toda Asia se encuentran edificios religiosos llamativos por su belleza: mezquitas musulmanas, gurduaras de la religión sikh, iglesias cristianas, templos hindúes y pagodas budistas. Muchos de estos edificios sagrados han sido construidos por los mejores artesanos, con materiales tan bellos como costosos. Sus impresionantes siluetas dominan a menudo la estampa de las ciudades asiáticas.

Sonidos espirituales

En Asia hay mucha gente que toma parte en oraciones y cánticos de carácter religioso. Por ejemplo, los musulmanes congregan a sus fieles cantando cinco veces al día, muchos budistas recitan cánticos todos los días, y la danza y el canto forman una parte fundamental de las ceremonias hindúes.

El encargado de llamar a los musulmanes a la oración desde el alminar o torre de la mezquita se llama muecín.

RUSIA

Rusia es el país más grande del mundo. Ocupa el 11% de la superficie emergida de la Tierra, tiene once husos horarios distintos y se extiende por dos continentes: Europa y Asia. El viaje en tren desde San Petersburgo, en el oeste, hasta Vladivostok, en el este, dura más de una semana.

Cultura urbana

Las ciudades rusas son famosas en todo el mundo por su arte y su cultura. Moscú y San Petersburgo (ambas en la Rusia de Europa) cuentan con docenas de museos y palacios magníficos. Además, Rusia es cuna de orquestas y ballets famosos en todo el mundo, como el ballet Bolshoi de Moscú.

La catedral de San Basilio, en Moscú. Fíjate en las cúpulas con forma de cebolla características de la arquitectura religiosa rusa.

Las populares matrioskas son unas muñecas huecas que se abren por la mitad y esconden otra de menor tamaño, y luego otra, y así sucesivamente. Matrioska significa madre en ruso.

Grandes cambios

Como país independiente, Rusia (cuyo nombre oficial es Federación Rusa) sólo existe desde 1991. Antes de esa fecha pertenecía a la URSS, un país aún más grande creado en 1917, cuando una revolución comunista derrocó al zar (emperador) de Rusia. Durante casi todo el siglo XX, el comunismo gobernó la URSS.

El comunismo

El comunismo es una forma de gobierno en la que el estado es el propietario de todo (por ejemplo, de las vías férreas, las carreteras, las fábricas y hasta las casas) y se encarga de distribuir comida, dinero y medicinas. Se trata del sistema opuesto al capitalismo, en el que la gente es dueña de sus casas y sus negocios. El gobierno que estuvo en el poder en la URSS de 1917 a 1991 fue el sistema comunista más conocido del mundo.

Esta niña está jugando alrededor de la tienda donde vive su familia, en Chukchi, en el extremo nororiental de Rusia.

Cuestión de tamaño

Rusia tiene más de 7.700 km de ancho. Cuando es hora de dormir en el oeste, en el este se están despertando. La gente que habita en las distintas partes del país tiene estilos de vida muy diferentes en función del entorno en el que viven, el clima y la influencia de los países cercanos. En el norte, Rusia se extiende más allá del círculo polar ártico y el frío frío es tan intenso que son pocos quienes viven en esa zona. El gobierno central está en Moscú, pero muchas regiones rusas tienen sus leyes, parlamentos e idiomas propios.

En algunas partes de Rusia hace mucho frío. Estos niños de la región de Kamchatka soportan temperaturas de 40° bajo cero.

Nuevas libertades

El gobierno comunista dictaba reglas muy estrictas. Los libros y periódicos estaban totalmente controlados, la religión fue suprimida y era muy difícil salir del país. En 1991, el gobierno comunista no salió reelegido, la URSS se dividió en 15 países y todo se volvió más permisivo. Sin embargo, las nuevas libertades trajeron consigo un aumento de la delincuencia e hicieron que hubiera más gente pobre que con el comunismo, ya que el estado no tenía que encargarse de nadie.

Literatura variada

La literatura rusa es famosa en todo el mundo. Entre los escritores rusos más célebres están Dostoievski, Tolstoi y Pushkin, que se dedicaron a la novela realista. Por otra parte, Rusia cuenta con una rica tradición de leyendas mágicas y cuentos de hadas, que se han ido transmitiendo oralmente desde hace siglos.

👫👫 Links de Internet 👫👫

• Si quieres aprender un poco de ruso, ésta es tu página. Contiene cinco lecciones y una guía de pronunciación con sonido.

• Conoce algunos de los cuentos populares rusos más famosos del escritor Aleksandr Nikolaevich Afanasiev.

Para acceder a las páginas reseñadas visita:
www.usborne-quicklinks.com/es

ORIENTE PRÓXIMO

La región de Oriente Próximo es famosa por sus impresionantes edificios, la riqueza de sus ciudades modernas y la hospitalidad de sus gentes. Fue la cuna de la primera civilización, la sumeria, y hoy en día constituye el núcleo de la industria petrolífera mundial. A veces se considera una zona peligrosa, porque en ella han estallado muchas guerras y revoluciones.

Estos árabes de las regiones marismeñas de Irak viven en casas fabricadas sobre plataformas flotantes de carrizo, material con el que también tejen esteras.

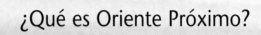

Esta mujer de Omán se cubre la cara con una máscara. Algunas mujeres musulmanas deben hacer esto en público como señal de pudor.

¿Qué es Oriente Próximo?

El término Oriente Próximo se usa para designar la zona entre el mar Rojo y el golfo Pérsico, además de Israel, Jordania, Siria, Líbano, Irán e Irak. El nombre lo acuñaron los europeos porque la región se encontraba al este de Europa pero no tan lejos como otros países como China, Japón y Corea (región que suele denominarse Lejano Oriente).

Pueblos diferentes

Los pueblos de Oriente Próximo pertenecen a cuatro grandes grupos: árabes, persas, turcos y judíos. Los países árabes de la zona (Bahrein, Arabia Saudí, Yemen, Omán, Qatar, Kuwait y Emiratos Árabes Unidos) están en torno a la península Arábiga y sus habitantes son en su mayoría musulmanes que hablan lenguas árabes. Sin embargo, Irán, antes llamada Persia, no es árabe, como tampoco lo es Turquía, pese a ser ambos países de mayoría musulmana. Israel es un estado judío creado en 1948 cuyo territorio es reclamado por muchos árabes como propiedad del pueblo palestino, también árabe.

La vida en el desierto

Por todo Oriente Próximo hay desiertos muy extensos con importantes reservas de petróleo aunque muy pocos habitantes. Sin embargo, los pastores beduinos continúan atravesando el desierto de un oasis a otro con sus animales, transportando sus tiendas y sus posesiones en camellos o vehículos todo terreno.

Los beduinos, como los que ves en la foto guiando una caravana de camellos, son nómadas que viven en el desierto.

Antiguo y moderno

Al encontrarse petróleo en Oriente Próximo, muchos países se enriquecieron, lo cual les permitió construir rascacielos y bloques de apartamentos en sus ciudades, así como abrir nuevos negocios y bancos. Pese a todo, en la mayoría de las ciudades sigue habiendo barrios antiguos con callejuelas y mercados tradicionales: los zocos.

Estas torres de Kuwait sirven como depósitos de agua. Kuwait es un país desértico sin ríos ni lagos; para obtener agua potable se trata el agua del mar.

Café y tertulia

El café es probablemente originario de Yemen, al sur de Arabia, y sigue siendo muy importante en la vida de Oriente Próximo. Cuando hay invitados, se les suele ofrecer café, dátiles y unos pastelitos llamados *baklava*. Cuando se tiene que tratar de algún tema importante, está considerado de buena educación conversar sobre otros asuntos antes de entrar en materia.

Éste es el método tradicional de servir el café en Oriente Próximo: se sostiene la cafetera en alto y se escancia sobre la taza.

Links de Internet

• Revista en línea que te pondrá al día sobre los acontecimientos más recientes de Oriente Próximo y África.

• Aquí tienes información sobre la leyenda que envuelve el origen del café.

Para acceder a las páginas reseñadas visita:
www.usborne-quicklinks.com/es

CHINA

Casi una cuarta parte de los habitantes de la Tierra viven en China, una de las naciones más antiguas del planeta, que existe desde hace unos 2.000 años y fue una de las primeras civilizaciones. Los antiguos chinos inventaron el papel, la pólvora, la seda y la sismología, la ciencia que predice los terremotos.

En las ciudades chinas se usa mucho la bicicleta. Estos niños van montados en un carrito de madera colocado sobre un triciclo.

Arte milenario

China es muy rica en arte y cultura tradicionales, incluida la ópera, la construcción de cometas, la porcelana y la talla del jade. La caligrafía china es tan hermosa que se considera una forma artística y suele consistir en caracteres hechos a pincel con tinta negra.

Los trajes de la ópera china son muy elaborados y los artistas suelen ir muy maquillados.

La explosión demográfica

En 1982, China se convirtió en el primer país en superar los mil millones de habitantes. Hoy en día son más de mil doscientos millones, y el estado tiene dificultades para proporcionar alimento, educación y atención sanitaria para toda la población. El gobierno lleva intentando controlar el crecimiento demográfico (o lo que es lo mismo, de la población) desde la década de 1950, convenciendo a las parejas para casarse más tarde y tener sólo un hijo.

Una nación agrícola

Aunque en China hay muchas grandes ciudades, casi tres cuartas partes de la población habita en el campo y vive de la tierra, cultivando sobre todo arroz, trigo y mijo.

China es un país montañoso y sólo un 10% de la tierra es fértil, por lo que el suelo disponible ha de cuidarse mucho. En las colinas se construyen terrazas, las cuales permiten cultivar en pendientes pronunciadas. Los campos de todo el país se riegan mediante sistemas de canales y arroyos.

Creencias chinas

En China hay muchas personas seguidoras del confucianismo, una filosofía basada en las ideas de Confucio, que vivió en China entre los años 551 y 479 a.C. Según sus enseñanzas, la gente tiene que ser educada, considerada y debe obedecer a sus mayores.

Antiguamente, en China se adoraba a los antepasados y a distintos dioses. Estas creencias se recuerdan en ciertas fechas del año: por ejemplo, muchas familias tienen una foto del dios de la cocina en su casa. Justo antes del Año Nuevo, untan los labios del dios con miel y vino para mantenerle contento. Cuando llega el Año Nuevo, colocan una foto nueva.

Un altar para quemar incienso, cuyo aroma se dice que atrae la atención de los dioses.

El Año Nuevo

El comienzo del Año Nuevo chino, que tiene lugar en febrero, se celebra con fuegos artificiales, desfiles y festines. La gente decora sus casas con símbolos de buena fortuna, y los solteros y solteras reciben sobres rojos con dinero dentro para desearles buena suerte.

ᙏᙏᙏ Links de Internet ᙏᙏᙏ

• Sitio de la Radio Internacional de China que te ofrece su versión de las noticias del mundo e información sobre su país.

• Anímate a cocinar platos típicos chinos utilizando estas recetas.

Para acceder a las páginas reseñadas visita:
www.usborne-quicklinks.com/es

Ortografía

La escritura china utiliza símbolos o caracteres para representar las palabras, mientras que en otros idiomas las palabras chinas deben escribirse tal como suenan. En los últimos años se ha buscado la unificación de las distintas ortografías internacionales, pero todavía verás palabras escritas de forma diferente en unos libros y otros.

A la derecha dice "Pueblos del Mundo" escrito con caracteres chinos.

El último día de las celebraciones del Año Nuevo chino culmina en el Festival de las Linternas, en el que se desfila con linternas muy elaboradas en una procesión nocturna.

LA INDIA Y PAKISTÁN

La India y Pakistán se hallan en el valle del río Indo, región en la que hace 4.500 años floreció una antigua y muy compleja civilización. En la actualidad, ambos países son estados modernos, pero mucha gente es fiel a las antiguas tradiciones y creencias.

A los conductores pakistaníes de camiones, furgonetas y autobuses les encanta decorar a mano sus vehículos. Este camión es un buen ejemplo.

Un país dividido

La India y Pakistán formaban un único país que fue colonia de Gran Bretaña en el siglo XIX. En 1947, la metrópolis concedió a India su independencia, pero entonces los hindúes y los musulmanes quisieron estados separados. Como consecuencia, el país fue dividido en dos partes: Pakistán para los musulmanes y la India para los hindúes, más numerosos. Al principio, Bangladesh formaba parte de Pakistán, pero se independizó en 1971.

Oriente y occidente

La influencia de Gran Bretaña es notable por toda la India y Pakistán, donde los edificios coloniales de la época de la dominación británica conviven con mezquitas y templos. El críquet, un deporte originario de Inglaterra, sigue siendo muy importante en ambos países.

La vestimenta de indios y pakistaníes es una mezcla entre la ropa europea y las prendas tradicionales, como el conjunto de camisa y pantalones anchos pakistaní o el sari, una túnica típica de la India.

Mujeres de Rajastán, en la India, transportando la carga sobre la cabeza. Este método resulta muy práctico cuando se han de recorrer grandes distancias.

El edificio que se ve de fondo es el Taj Mahal, cerca de la ciudad de Agra. Se trata de un mausoleo de mármol construido por el sha Jehan, un emperador indio, para su esposa.

Fanáticos del cine

En Bombay, la India, se halla la mayor industria cinematográfica del mundo, que se conoce como *Bollywood*. Sus películas suelen ser historias de amor o dramas históricos, con multitud de bailes y canciones. Las principales estrellas y cantantes de cine son inmensamente ricos y famosos.

Sálvese quien pueda

En ciudades tan pobladas como Lahore y Calcuta, las calles están a rebosar de autobuses, tranvías, taxis, *rickshaws* y bicicletas, en pugna por transitar junto a los peatones y los puestos de los mercadillos. En la India, las vacas deambulan a sus anchas por la calle porque los hindúes las consideran animales sagrados. Esto hace que el tráfico vaya aún más lento.

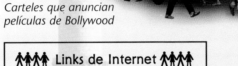

Carteles que anuncian películas de Bollywood

♟♟♟ Links de Internet ♟♟♟

• Excelente sitio desde donde empezar a conocer un país fascinante: la India

• Detallado mapa de Pakistán y datos de interés sobre su población e industria

Para acceder a las páginas reseñadas visita:
www.usborne-quicklinks.com/es

Un rickshaw es una especie de taxi descubierto, que puede funcionar a motor o incluso a pedales. En este último caso, al llegar a una cuesta los pasajeros se bajan y empujan.

Las castas

Según la tradición india, la mayoría de la gente nace dentro de una *jati* o casta, que se heredaba de generación en generación; el nacimiento determinaba el trabajo que la gente hacía e incluso su futuro matrimonio, ya que sólo podían casarse con alguien del mismo grupo. Hoy en día siguen teniendo mucha importancia, y la gente dentro de una misma casta se ayuda, pero se han abolido algunas leyes y cualquiera puede llegar a alcanzar una posición de poder.

El curry

La comida picante de Pakistán y la India es famosa en todo el mundo. Su nombre, *curry*, se usa para describir una mezcla de distintas especies con la que se cocinan salsas para todo tipo de platos. Se suelen acompañar con arroz y pan. Como muchos hindúes no comen carne, la cocina india suele ser vegetariana.

EL SUDESTE ASIÁTICO

Se llama sudeste asiático a la región situada al sur de China y Japón. Los países que la forman, como Tailandia, Vietnam, Laos, Malaisia e Indonesia, ocupan una extensa península y una serie de islas montañosas y cubiertas de vegetación.

Esta niña interpreta una danza tradicional de Bali, Indonesia, llamada Legong.

Artes escénicas

El sudeste asiático cuenta con una rica tradición artística, que normalmente combina la música y la danza con el teatro. La puesta en escena es impresionante, ya que se utilizan máscaras y trajes muy elaborados.

A lo largo de los siglos se ha desarrollado en Indonesia una forma muy curiosa de contar cuentos, basada en la sombra que proyectan unas marionetas especiales movidas con bastones. Durante el espectáculo se coloca tras ellas una luz y una pantalla, de modo que únicamente se ven las siluetas. Los rasgos y la forma de una marioneta revelan su carácter y su posición social para que el público reconozca a los personajes principales.

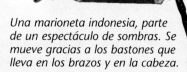

Una marioneta indonesia, parte de un espectáculo de sombras. Se mueve gracias a los bastones que lleva en los brazos y en la cabeza.

Templos y mezquitas

En el sudeste asiático conviven en paz multitud de religiones diferentes. Algunos países, como Myanmar (antes Birmania) son predominantemente budistas; otros, como Indonesia, son de mayoría musulmana; además, es muy común encontrar otras religiones como el cristianismo o el hinduismo. Hay templos, mezquitas e iglesias por todas partes, además de numerosos edificios religiosos abandonados y en ruinas.

♟♟♟♟ Links de Internet ♟♟♟♟

• Adéntrate en Indonesia gracias a esta completísima página con bellas fotos.

• Página sobre Tailandia y sus espectáculos típicos

Para acceder a las páginas reseñadas visita:
www.usborne-quicklinks.com/es

Naciones dispersas

Malaisia, Indonesia y Filipinas están extendidas a lo largo de un enorme archipiélago (un conjunto de islas) situado al sudeste del continente asiático. Aunque pertenezcan a un mismo país, las distintas islas pueden ser muy diferentes entre sí.

Por ejemplo, Bali, una de las islas más pobladas de Indonesia, es pequeña y tiene muchos habitantes, explotaciones agrícolas, pueblos y un importante sector turístico. La religión mayoritaria es una variedad del hinduismo y en la isla hay miles de templos.

Irian Jaya, isla perteneciente a Nueva Guinea, es mucho más grande, remota y selvática. Sus habitantes viven de la caza, la agricultura y la pesca. Hay convertidos al cristianismo y gente que adora a los espíritus.

En las marismas del litoral oriental de Sumatra, en Indonesia, los hombres y los niños pasan parte del año pescando desde cabañas como la de la imagen.

Arroz y especias

Aunque en el sudeste asiático hay ciudades grandes, la mayoría de sus habitantes son campesinos y viven en zonas rurales. El arroz es el cultivo más importante y se consume prácticamente en todas las comidas.

Tailandia e Indonesia son famosas por su comida picante. Las especias ya no se cultivan tanto como antes, pero hace cientos de años trajeron mucha riqueza a la región. Los mercaderes de la India, Arabia, Europa y China viajaban hasta allí para comprar especias, que tenían un enorme valor.

Mi amigo elefante

En esta península asiática, los elefantes sirven como medio de transporte y para acarrear cargas de enorme peso como, por ejemplo, la madera. Cuando hay desfiles o celebraciones especiales, se los engalana con adornos tremendamente llamativos.

En Laos (que antiguamente se conocía como el reino del millón de elefantes) y en Tailandia, cada elefante tiene su propio entrenador, llamado *mahout*, que se puede pasar la vida entera cuidando del mismo animal.

Un mahout comienza a trabajar con un elefante cuando todavía es joven y, con el paso de los años, se crea una estrecha relación. Estos jovencísimos elefantes están comenzando su entrenamiento.

Dos niñas frente a una choza en Samoa Occidental

OCEANÍA

OCEANÍA

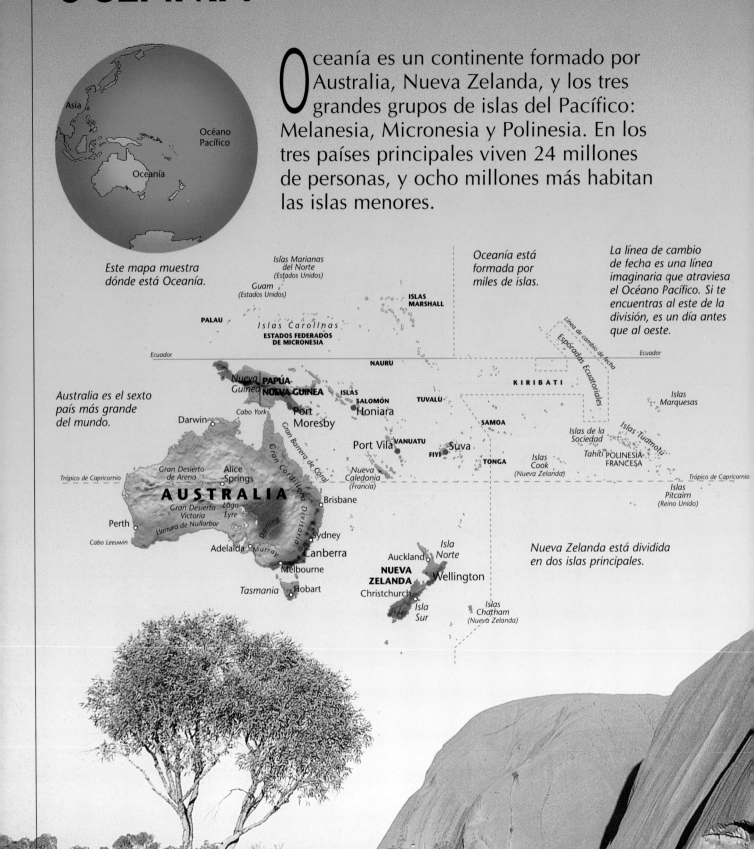

Oceanía es un continente formado por Australia, Nueva Zelanda, y los tres grandes grupos de islas del Pacífico: Melanesia, Micronesia y Polinesia. En los tres países principales viven 24 millones de personas, y ocho millones más habitan las islas menores.

Asia

Océano Pacífico

Oceanía

Este mapa muestra dónde está Oceanía.

Oceanía está formada por miles de islas.

La línea de cambio de fecha es una línea imaginaria que atraviesa el Océano Pacífico. Si te encuentras al este de la división, es un día antes que al oeste.

Australia es el sexto país más grande del mundo.

Nueva Zelanda está dividida en dos islas principales.

Islas Marianas del Norte (Estados Unidos)

Guam (Estados Unidos)

ISLAS MARSHALL

PALAU

Islas Carolinas

ESTADOS FEDERADOS DE MICRONESIA

Ecuador

Línea de cambio de fecha

Espóradas Ecuatoriales

Ecuador

NAURU

KIRIBATI

Islas Marquesas

Nueva Guinea

PAPÚA-NUEVA GUINEA

ISLAS SALOMÓN

TUVALÚ

Cabo York

Port Moresby

Honiara

SAMOA

Islas de la Sociedad

Islas Tuamotu

Darwin

Gran Barrera de Coral

Port Vila

VANUATU

FIYI

Suva

Tahití POLINESIA FRANCESA

Gran Desierto de Arena

Alice Springs

Gran Cordillera Divisoria

TONGA

Islas Cook (Nueva Zelanda)

Trópico de Capricornio

Nueva Caledonia (Francia)

Trópico de Capricornio

AUSTRALIA

Lago Eyre

Brisbane

Islas Pitcairn (Reino Unido)

Perth

Gran Desierto Victoria

Darling

Sydney

Llanura de Nullarbor

Cabo Leeuwin

Adelaida

Murray

Canberra

Isla Norte

Auckland

Melbourne

NUEVA ZELANDA

Wellington

Tasmania

Hobart

Christchurch

Islas Chatham (Nueva Zelanda)

Isla Sur

Los primeros exploradores

Los primeros humanos que exploraron
y habitaron esta parte del mundo
provenían del sudeste asiático. Entre
ellos se encontraban los aborígenes,
que llegaron a Australia hace entre
40.000 y 60.000 años, los pueblos que
llegaron a las islas del Pacífico hace unos
7.000 años, y el pueblo maorí, que llegó
a Nueva Zelanda hace 1.000 años.

En las islas del Pacífico se siguen construyendo las mismas canoas que se usaban para navegar hace miles de años.

Llegan los europeos

En 1606, llegó a Australia el primer
europeo, un holandés llamado Willem
Jantszoon. Su compatriota, Abel
Tasman, fue el primer europeo que
vio Nueva Zelanda; era 1642. En
1770, un explorador británico
llamado James Cook desembarcó
en la bahía de Botany, en la costa
oriental de Australia. Dieciocho
años después, los británicos montaron
allí una penitenciaría y, durante el siglo
XIX, los países europeos colonizaron
prácticamente todo el Pacífico. En la
actualidad, la mayoría de las naciones
de la región son independientes,
aunque algunas siguen bajo el
gobierno de otros países.

*El inglés James Cook
(arriba) llegó a
Australia en 1770.*

ŤŤŤŤ Links de Internet ŤŤŤŤ

• Descubre Australia con esta página.

• Sitio dedicado a Kiribati, que cruza la
línea internacional de cambio de fecha

Para acceder a las página reseñada visita:
www.usborne-quicklinks.com/es

*El parque nacional de Uluru, con su
inmenso monolito rojo, es un paraje
emblemático de Australia. Constituye
un lugar sagrado para los aborígenes
y los indígenas del estrecho de Torres.*

AUSTRALIA

Australia tiene a un lado el océano Pacífico y a otro el océano Índico. A pesar de ser tan grande como Europa, no tiene ni un 3% de la población del viejo continente. Sus habitantes se concentran sobre todo en las franjas costeras del este y el sudoeste.

En el desierto central australiano mucha gente vive a una distancia enorme de los hospitales, por lo que existe un servicio aéreo para transportar a los enfermos.

El pueblo australiano

Durante miles de años, los aborígenes y los indígenas del estrecho de Torres fueron los únicos habitantes de Australia. Los colonos británicos llegaron en el siglo XVIII y alrededor de 1850 se descubrió oro, lo que provocó la llegada de una oleada de inmigrantes de Europa, China y EE UU, dispuestos a hacer fortuna. En 1901, Australia dejó de ser un conjunto de colonias para formar una nación.

La vida en la ciudad

Más del 80% de la población de Australia vive en ciudades y pueblos costeros, donde es más fácil encontrar trabajo. La capital se encuentra en Canberra, pero Sydney es la mayor urbe con unos 4 millones de habitantes, una quinta parte de la población total del país. Otras ciudades importantes australianas son Melbourne, Perth, Brisbane, Adelaide, Hobart y Darwin.

El desierto australiano

El vastísimo desierto que ocupa el centro de Australia es uno de los lugares más calurosos y secos del mundo. El suelo no sirve para cultivar, así que los granjeros se dedican a la cría de rebaños enormes de ovejas y reses. Las explotaciones de ganado ocupan mucho espacio (alcanzan los 15.000 km² de extensión) y suelen estar muy lejos de las ciudades, por lo que la gente que trabaja en ellas vive bastante aislada. Algunos niños viven tan lejos de la escuela que tienen que dar clases por Internet, o retransmitidas por radio o televisión.

La ópera de Sydney está situada en el puerto de la ciudad. El tejado imita la forma de las velas de un barco.

Los corales que forman la Gran Barrera de Coral constituyen el hábitat de una enorme variedad de especies marinas.

Los primeros australianos

Cuando los aborígenes llegaron a Australia, fueron extendiéndose poco a poco por el país. Eran nómadas y viajaban en grupos numerosos, cazando animales y recolectando plantas. Para ellos la tierra, la flora y la fauna eran sagradas. Al llegar los europeos se apropiaron de gran parte de la tierra, destruyendo muchos de sus lugares sagrados. En la actualidad, menos del 2% de la población australiana es aborigen, y algunos de ellos ya no siguen un modo de vida tradicional, sino que viven en ciudades y tienen trabajos modernos. Sin embargo, la mayoría de los aborígenes desean conservar su cultura y, tras años de reivindicaciones, se están devolviendo algunos territorios a sus primeros dueños.

Este aborígen se ha pintado el cuerpo y la cara tal como su pueblo ha hecho desde hace miles de años. La pintura corporal es una actividad de grupo y suele realizarse para ceremonias especiales.

Sol, mar y deporte

A los australianos les encanta el buen tiempo y disfrutar del aire libre practicando deportes como la natación, el surf y la vela. El clima y la gran variedad de actividades al aire libre que se pueden practicar hacen que Australia sea un lugar bastante turístico. Destaca la Gran Barrera de Coral, que es muy popular entre los buceadores, si bien los científicos están preocupados porque creen que el exceso de turistas acabará por perjudicar a las especies que la habitan.

🚹🚹 Links de Internet

• Aquí encontrarás recetas e información sobre la carne de canguro y emú, que se come mucho en Australia.

• Página que habla de los aborígenes australianos con muestras de su arte.

• Seguro que has oído hablar de los boomerang. Aprende aún más cosas.

Para acceder a las páginas reseñadas visita:
www.usborne-quicklinks.com/es

NUEVA ZELANDA

N ueva Zelanda está en el Pacífico Sur, a unos 1.500 kilómetros al sudeste de Australia. El país está formado por dos islas principales, la Isla del Norte y la Isla del Sur, y por varias islas más pequeñas. La mayor parte de Nueva Zelanda es agreste y montañosa y tiene unos escasos cuatro millones de habitantes.

Un esquilador experto puede cortar la lana de una oveja en cuestión de minutos. La lana es uno de los productos neozelandeses más exportados.

Una nación joven

Nueva Zelanda fue uno de los últimos lugares del mundo en ser habitado. Los primeros pobladores fueron los maorís, que llegaron a la isla hace mil años procedentes de otras islas situadas más al norte. A finales del siglo XVIII comenzaron a llegar los europeos y en 1840 Nueva Zelanda ya era parte del imperio británico. Hoy día es un estado independiente, pero la mayoría de neozelandeses tienen antepasados británicos; el resto son maorís o procedentes de las islas del Pacífico Sur.

Una tierra de ganaderos

Muchos neocelandeses son ganaderos. Más de la mitad de la tierra se utiliza como pastos para ovejas, puesto que el ganado ovino es la industria más importante del país. La lana y la carne de cordero encabezan las exportaciones, aunque también destacan los productos lácteos, el vino, la verdura y la fruta (cítricos y kiwis). Nueva Zelanda solía comerciar principalmente con el Reino Unido, pero ahora lo hace más con Australia y Asia. También exporta madera, productos textiles y maquinaria.

Ésta es una típica finca de ganado lanar. Suelen ocupar una vasta extensión de terreno.

Un grupo de turistas fotografía un géiser en el parque termal de Waiotapua.

Limpio y verde

Nueva Zelanda no utiliza energía nuclear, apenas tiene industria pesada y sus pueblos y ciudades son relativamente pequeños. Como consecuencia, es uno de los países menos contaminados del mundo y su belleza natural atrae a muchos turistas. En la Isla del Norte se pueden ver volcanes en activo y géiseres, mientras que en la Isla del Sur hay montañas de espectacular belleza con glaciares inmensos.

♣♣♣ Links de Internet ♣♣♣

• Aquí podrás encontrar información sobre el haka, una danza ritual maorí que realizan los jugadores de rugby de Nueva Zelanda.

Para acceder a las página reseñada visita:

www.usborne-quicklinks.com/es

Los maorís

Cuando llegaron a Nueva Zelanda, los maorís tenían un estilo de vida tradicional: se dedicaban a la caza, la pesca y la agricultura a pequeña escala, y vivían en pequeños grupos al mando de un jefe. Al llegar los colonos británicos, a lo largo del siglo XVIII, hubo cruentas batallas por la posesión de la tierra y murieron muchos maorís. La mayoría de los supervivientes se vieron forzados a trasladarse a las ciudades.

Este maorí lleva la cara cubierta con un típico tatuaje (Ta Moko). Empuña una maza llamada wahaika para participar en una danza tradicional.

Los maorís de hoy

Hoy en día los maorís forman el 10% de la población y su cultura está reviviendo: se enseña la lengua maorí en los colegios y han resurgido las artes tradicionales como el tatuaje (*Ta Moko*). Aun así muchos maorís aún reclaman que se les devuelvan los territorios perdidos. En su lengua, Nueva Zelanda se dice *Aotearoa*, que significa "la tierra de las nubes largas y blancas".

PAPÚA-NUEVA GUINEA

Nueva Guinea es la segunda isla más grande del mundo después de Groenlandia y se encuentra en el Océano Pacífico, al norte de Australia. La mitad occidental (Irian Jaya) es de Indonesia*. La mitad oriental, junto con otras 600 islas, forma Papúa-Nueva Guinea.

♟♟♟ Links de Internet ♟♟♟

• Interesante página sobre el pueblo dani, que habita en Irian Jaya, donde podrás descubrir algunas de sus curiosas costumbres.

Para acceder a las página reseñada visita:

www.usborne-quicklinks.com/es

Las gentes de Papúa

La mayoría de los habitantes de este país son de Papúa o de Melanesia*. También hay europeos y gente de Polinesia* y China. Los primeros pobladores, que llegaron del sudeste asiático hace más de 40.000 años, vivían en pequeñas comunidades y se alimentaban de la caza y la recolección.

El país está dominado por montañas y selvas muy densas, por lo que muchos grupos o tribus están aislados unos de otros. En la actualidad, en Papúa-Nueva Guinea sigue habiendo alrededor de mil grupos étnicos distintos.

Idiomas

Como existen tantas tribus, en Papúa-Nueva Guinea se hablan multitud de idiomas distintos. En total hay más de 700 lenguas diferentes, lo que supone un número enorme para una población inferior a los cinco millones. Las diversas tribus se comunican entre ellas en un idioma llamado hiri moto o con una mezcla de inglés y las lenguas locales. El idioma oficial es el inglés, pero en realidad sólo lo habla el 2% de la población.

Este muchacho waghi, de las montañas del este de Nueva Guinea, lleva un tocado de plumas tradicional para una fiesta en su instituto, en el pueblo de Goroka.

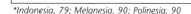

La vida en la aldea

Cerca de un quinto de la población de Papúa-Nueva Guinea vive en las ciudades, a donde acuden a buscar trabajo. El resto sigue llevando un modo de vida tradicional, similar al de sus ancestros. Viven en aldeas, cultivan verduras y frutas, pescan y además crían pollos y cerdos. Algunos agricultores venden sus productos en mercados de la zona. La dieta de los lugareños se basa en féculas, como el boniato en las zonas altas y el sagú en el resto de la región.

Padre e hijo exhiben lo que han pescado para venderlo al público.

Estos hombres con máscaras de barro y el cuerpo embadurnado de la misma sustancia son de una aldea llamada Asaro. Cuenta la leyenda que los guerreros de Asaro ganaron una batalla vestidos de esta guisa, aunque en la actualidad se hace para los turistas.

Arte y vida

El arte de Papúa-Nueva Guinea ocupa un lugar muy importante en su vida, su historia y su cultura. Las tradiciones varían entre una región y otra, y la mayoría de las formas artísticas tienen una función práctica o religiosa.

En la cultura malangan se fabrican máscaras de madera para conmemorar la muerte de algún ser querido. Las gentes de Kambot tallan la madera formando relieves que cuentan la vida en la aldea. En la provincia del Golfo se cuelgan una especie de escudos denominados *gope* en el exterior de las casas, ya que, según se cuenta, contienen espíritus protectores que alejan las enfermedades y los males. También es muy frecuente entre los pueblos papúes tallar las proas de sus canoas con diseños muy elaborados.

PARAÍSO TERRENAL

En la inmensidad del océano Pacífico, además de Australia, Nueva Zelanda y Nueva Guinea, hay más de 20.000 islas menores. Algunas están agrupadas en archipiélagos y otras están dispersas, pero la mayoría están deshabitadas.

Este edificio pintado de colores tan llamativos es un templo hindú situado en Nadi, Fiyi.

Pueblos del Pacífico

Los primeros habitantes de las islas del Pacífico emigraron del sudeste asiático alrededor de 7.000 años atrás. Tuvieron que atravesar una distancia enorme por mar y, durante muchas generaciones, fueron habitando un archipiélago tras otro. En el siglo XVI, los exploradores europeos descubrieron estas islas y empezaron a llegar colonos. Llegado el año 1800, buena parte de las islas estaban en poder de otros países. En la actualidad, algunas islas son independientes y otras siguen bajo el gobierno de naciones como EE UU, Francia y Nueva Zelanda.

Tres grupos

Existen tres grupos principales de islas: Melanesia, Polinesia y Micronesia. Polinesia significa "muchas islas" y Micronesia "islas pequeñas". Melanesia quiere decir "islas negras". Este nombre se debe a que sus habitantes suelen tener la piel más oscura que el resto de los pobladores del Pacífico.

Estas niñas de la Polinesia Francesa llevan adornos de flores llamados leis.

Un paraíso turístico

Algunas islas del océano Pacífico, como Fiyi, Tonga y Samoa, se cuentan entre las más hermosas del mundo. Si añadimos a su belleza un clima tropical, el resultado es un lugar muy atractivo para el turismo, que supone muchos ingresos. No obstante, el exceso de turistas puede perjudicar al medio ambiente.

🕺🕺🕺 Links de Internet 🕺🕺🕺

• Recorre algunas de las islas del pacífico con Jos Martín.

• En este sitio se habla de Tahití y sus islas. Tiene algunas fotos.

• Aquí podrás ver preciosas imágenes de Tahití.

• Página con información y fotos sobre algunas de las islas del Pacífico

Para acceder a las páginas reseñadas visita:
www.usborne-quicklinks.com/es

Una vida tranquila

Algunos habitantes de estas islas viven en ciudades y trabajan en grandes industrias como la pesca, la minería o el turismo. Sin embargo, la mayoría llevan un modo de vida tradicional y habitan en aldeas, cultivando el ñame o el boniato. Las familias suelen criar cerdos y pollos y, si viven cerca del mar, pescan. Las distintas generaciones de una misma familia comparten vivienda y tanto la vida en comunidad como la religión son muy importantes.

Campo de tiro

Como las islas del Pacífico están tan alejadas, Gran Bretaña, Francia y EE UU las han utilizado para probar armas nucleares. En 1946, EE UU hizo explotar una bomba atómica en el atolón de Bikini, que forma parte de las islas Marshall en Micronesia, y mucha gente se vio forzada a abandonar sus hogares. Hoy día gracias a las protestas de grupos conservacionistas y a la presión de los lugareños, ya no se llevan a cabo pruebas. Las últimas las realizó Francia en 1997.

Este hombre está pescando con arpón subido a una roca justo al borde del mar.

Un nutrido grupo de chozas en Maná, una de las muchas islas que componen las Fiyi.

CÓMO USAR INTERNET

Para acceder a los sitios web que se describen en el libro, no tienes más que visitar la página **www.usborne-quicklinks.com/es** y hacer clic en el título de este libro. Al hacerlo, irás a una página del sitio web de Usborne Quicklinks donde encontrarás enlaces directos a los sitios que se citan en el libro.

La seguridad en Internet

Cuando navegues por Internet, asegúrate de que sigues estos consejos:

• Pide permiso a tus padres o a tu tutor para conectarte a Internet.
• Si escribes algún mensaje en un libro de invitados o en un tablón de anuncios de un sitio web, no des tu dirección de correo electrónico o datos personales como tu nombre real, dirección o número de teléfono.
• Si un sitio web te pide que entres o te inscribas escribiendo tu nombre o dirección de correo electrónico, pide permiso a un adulto antes de hacerlo.
• Si recibes un correo electrónico de alguien que no conoces, díselo a un adulto y no contestes el mensaje.
• Nunca quedes con nadie que hayas conocido por Internet.

Notas para los padres o tutores

Los sitios web que se describen en el libro se revisan periódicamente y los links que aparecen en Usborne Quicklinks se actualizan cuando es necesario. No obstante, el contenido de un sitio web puede cambiar en cualquier momento y Usborne Publishing no se hace responsable del contenido de ningún sitio web que no sea el suyo propio. Recomendamos que se supervise a los niños mientras navegan por Internet, que no utilicen las salas de charla y que se utilicen filtros para Internet con el fin de impedir el acceso a contenidos inapropiados. Para más información, consulte el apartado "Guía de Internet" en el sitio web de Usborne Quicklinks.

Para acceder a los sitios web de este libro, visita **www.usborne-quicklinks.com/es** y sigue las instrucciones.

¿Qué equipo necesitas?

Se puede acceder a la mayoría de los sitios web de este libro con un ordenador personal y un navegador como, por ejemplo, Internet Explorer de Microsoft® o Netscape® Navigator. Éste es el software que te permite ver la información que hay en Internet. Asegúrate de que la versión de tu navegador es por lo menos la 4. Para oír sonidos, necesitarás un ordenador con tarjeta de sonido y altavoces (la mayoría de los ordenadores multimedia están equipados con todo lo que necesitas).

Para visitar sitios web con sonido, vídeos, animaciones o imágenes tridimensionales, es posible que necesites programas adicionales (plug-ins). En estos sitios, suele haber un enlace sobre el que puedes hacer clic para descargar el plug-in necesario. Si necesitas más información, visita el sitio de Usborne Quicklinks y haz clic sobre "Guía de Internet".

Si no encuentras una página

De vez en cuando aparecen avisos que dicen que un sitio determinado no está disponible. Estos problemas suelen ser pasajeros; vuelve a intentarlo unos minutos más tarde o incluso al día siguiente. Las direcciones y las páginas web cambian y pueden dejar de existir. Usborne comprueba periódicamente que los enlaces del sitio web de Usborne Quicklinks están actualizados y te llevan a las páginas que quieres. Si algún sitio dejara de existir, intentaremos reemplazarlo con un enlace a un sitio alternativo.

Ayuda

Si necesitas algún consejo más sobre el uso de tu navegador, haz clic en su botón de Ayuda y, una vez abierto el menú, selecciona "Contenido e Índice" donde encontrarás un diccionario que enseña a navegar mejor por Internet. Si lo que necesitas es ayuda y consejos en general sobre el uso de Internet, visita el sitio de Usborne Quicklinks y haz clic sobre "Guía de Internet".

Virus informáticos

Los virus informáticos son programas que pueden causar graves problemas a tu ordenador. Se pueden contraer al descargar programas de Internet o mediante un archivo adjunto a un mensaje de correo electrónico. Hay programas anti-virus a la venta y también los puedes descargar de Internet. Si necesitas más información, visita el sitio de Usborne Quicklinks y haz clic sobre "Guía de Internet".

ÍNDICE

AGRADECIMIENTOS

Se han realizado todos los esfuerzos posibles con el fin de localizar a los titulares de los derechos de autor del material contenido en este volumen. En caso de omitirse algunos, la editorial ofrece la rectificación en las sucesivas ediciones previa notificación. La editorial desea agradecer a las siguientes organizaciones e individuos su colaboración y su permiso para reproducir material (a = arriba; c = centro; b = abajo; i = izquierda; d = derecha):

Portada © Keren Su/CORBIS; **guardas** © Ric Ergenbright/CORBIS; **p1** © Kevin R. Morris/CORBIS; **p2** © Marc Garanger/CORBIS; **p4** (mapa) Oxford Cartographers; (mapamundi) Laura Fearn; **p6** (ad) © Laura Dwight/CORBIS; (bi) © Rod Williams/Bruce Coleman; (bd) Laura Fearn; **p7** (ai) © Frank Leather; Eye Ubiquitous/CORBIS; (bd) © Studio Patellani/CORBIS; **p8** (ad) © Catherine Karnow/CORBIS; (b) © Pacific Stock/Bruce Coleman; (fondo) © Digital Vision; **p9** (ad) © Charles y Josette Lenars/CORBIS; (bd) © Martin Dohrn/Bruce Coleman; **p10** © Phil Schermeister/CORBIS; **p12** (ad) Laura Fearn; (i) © Steve Kaufman/CORBIS; **p13** (a) Oxford Cartographers; (b) © Michael T. Sedam/CORBIS; **p14** (fondo) © Ron Watts/CORBIS; (ad) © Kevin Fleming/CORBIS; (bi) © Flip Schulke/CORBIS; **p15** (bi) © Douglas Peebles/CORBIS; (d) © Digital Vision; **p16** (principal) © Marc Muench/CORBIS; (ad) © Gunter Marx/CORBIS; (bd) © Lowell Georgia/CORBIS; **p17** (ad) © Michael Lewis/Bruce Coleman; (bd) © Galen Rowell/CORBIS; **p18** (ad) © Gianni Dagli Orti/CORBIS; (b) Howard Allman; **p19** © Charles y Josette Lenars/CORBIS; **p20** (ad) © Bill Gentile/CORBIS; (bi) © Robert Francis/Hutchison; **p21** (a) Howard Allman; (bd) © Danny Lehman/CORBIS; **p22** (ai+ad) Howard Allman; (b) © Bob Krist/CORBIS; **p23** (d) © Philip Gould/CORBIS; **p24** © Jeremy Horner/CORBIS; **p26** (ad) Laura Fearn; (bd) Oxford Cartographers; (b) © Maurice Harvey/Hutchison; **p27** (d) © Alison Wright/CORBIS; **p28** (ad) © Jeremy Horner/CORBIS; (bi) © Pablo Corral V/CORBIS; (b) © Jeremy Horner/Hutchison; **p29** (bd) © Sarah Errington/Hutchison; **p30** (ad) © Sesco Von Puttamer/Hutchison; (bi) © Wolfgang Kaehler/CORBIS; **p31** (ad) © Luiz Claudio Marigo/Bruce Coleman; (b) © The Purcell Team/CORBIS; **p32** (ad) © Jeremy Horner/Hutchison; (bi) © S. Molins/Hutchison; **p33** (ad) © Inge Yspeert/CORBIS; (b) © Edward Parker/Hutchison; **p34** (fondo) © Nicholas Devore/Bruce Coleman; (bi) © Will y Deni McIntyre/Tony Stone; **p35** (ad) © Edward Parker/Hutchison; (b) © Diego Lezama Orezzoli/CORBIS; **p36** © Fulvio Roiter/CORBIS; **p38** (ad) Laura Fearn; (bi) © Robbie Jack/CORBIS; **p39** Oxford Cartographers; **p40** (ai) Howard Allman; (principal) © Bob Krist/CORBIS; **p41** (a) © Todd Gipstein/CORBIS; (bd) © Elke Stolzenberg/CORBIS; **p42** (ad) © Greenpeace/Shirly; (bi) © Rethly Akos www.szoborpark.hu; **p43** (bd) Franz-Marc Frei/CORBIS; **p44** (principal) © Jan Jordan; (ad) © Les Gibbon; Cordaiy Photo Library Ltd./CORBIS; (bi) © J. F. Causse/Tony Stone; **p45** (bd) © Brian y Cherry Alexander; **p46** (ad) © Parlamento Europeo; (b) © Powerstock Zefa; **p47** (ai+ad) © Comunidad Europea; (bd) © Peter Turnley/CORBIS; **p48** © Charles y Josette Lenars/CORBIS; **p50** (fondo) © Digital Vision; (ad) Laura Fearn; (b) © David Turnley/CORBIS; **p51** (a) Oxford Cartographers; **p52** (ad) © Margaret Courtney-Clarke/CORBIS; (b) © Adrian Arbib/CORBIS; **p53** (m) © Daniel Lainé/CORBIS; **p54** (fondo) © Christine Osborne/CORBIS; (ad) Ian Jackson; (bi) © J. Wright/Hutchison; **p55** (m) © Roger Wood/CORBIS; **p56** (principal) © Sarah Errington/Hutchison; (i) © Mary Jellife/Hutchison; **p57** (ai) © Daniel Lainé/CORBIS; (ad) © Hutchison; **p58** (ad) © Digital Vision; (b) © Kevin Fleming/CORBIS; **p59** © Hutchison; **p60** (fondo) © Nevada Wier/CORBIS; (ad) Ian Jackson; (bi) © Peter Turnley/CORBIS; **p61** (ad) © Chris Hellier/CORBIS; (b) © Peter Johnson/CORBIS; **p62** (fondo) © Sarah Errington/Hutchison; (i) © Bruce Coleman Inc.; **p63** (ai) © Contemporary African Art Collection Limited/CORBIS; (bi) © Crispin Hughes/Hutchison; (d) © CORBIS; **p64** © Steve Raymer/CORBIS; **p66** (ad) Laura Fearn; (m) Oxford Cartographers; **p67** (fondo) © Dean Conger/CORBIS; (bd) © Michael S. Yamashita/CORBIS; **p68** (fondo) © Alain Compost/Bruce Coleman; (bi) © Isabella Tree/Hutchison; **p69** (mi) © Kenneth Fischer/Bruce Coleman; (bd) © Robin Constable/Hutchison; **p70** (fondo) © Digital Vision (tr) © Charles y Josette Lenars/CORBIS; (b) © Dave Saunders/Tony Stone; **p71** (ai) © Staffan Widstrand/Bruce Coleman; (bd) © Christina Dodwell/Hutchison; **p72** (fondo) © B. Gerard/Hutchison; (ad) © Nik Wheeler/CORBIS; (bi) © Dave G. Houser/CORBIS; **p73** (bi) © Dean Conger/CORBIS; (d) Kevin Schafer/CORBIS; **p74** (ad) © Peter Turnley/CORBIS; (bi) Wally McNamee/CORBIS; **p75** (ai) © Christine Osborne/CORBIS; (d) Laura Fearn (b) © Kevin R. Morris/CORBIS; **p76** (fondo) © Wolfgang Kaehler/CORBIS; (ad) © David Clilverd/Hutchison; (bi) © Michael MacIntyre/Hutchison; **p77** (ad) © Catherine Karnow/CORBIS; (bi) © Jeremy Horner/Hutchison; **p78** (ad) © Paul Almasy/CORBIS; (bi) © Pacific Stock/Bruce Coleman; **p79** (principal) © Gerald S. Cubitt/Bruce Coleman; (bd) © Alain Compost/Bruce Coleman; **p80** © Earl y Nazima Kowall/CORBIS; **p82** (ai) Laura Fearn; (m) Oxford Cartographers; (b) © Paul Thompson; Eye Ubiquitous/CORBIS; **p83** (ai) © Bettmann/CORBIS; (ad) © Isabella Tree/Hutchison; **p84** (fondo) John Cancalosi/Bruce Coleman; (ad) © Patrick Ward/CORBIS; (bi) © Roger Ressmeyer/CORBIS; **p85** (ai) © Australian Picture Library/CORBIS; (bd) © Charles y Josette Lenars/CORBIS; **p86** (fondo) © Gerald S. Cubitt/Bruce Coleman; (ad) © Robert Francis/Hutchison; **p87** (a) © Doug Armand/Tony Stone; (bd) © Pacific Stock/Bruce Coleman; **p88** © Isabella Tree/Hutchison; **p89** (ai) © Chris Rainier/CORBIS; (bd) © Fritz Prenzel/Bruce Coleman; **p90** (fondo) © Pacific Stock/Bruce Coleman; (ad) © Jan Butchofsky-Houser/CORBIS; (bi) © Pacific Stock/Bruce Coleman; **p91** (ad) © Jack Fields/CORBIS.

La editorial Usborne no aceptará responsabilidades legales relacionadas con sitios web distintos al propio, ni por el posible contenido ofensivo, dañino o inexacto que pueda contener la Red. Del mismo modo, la editorial no aceptará responsabilidades legales por daños o pérdidas ocasionadas por virus que pudiesen descargarse como resultado de la exploración de los sitios que recomendamos.